멜기세덱과 예수
- 히브리서의 정황과 대제사장 기독론 -

멜기세덱과 예수

히브리서의 정황과 대제사장 기독론

전병희 지음

크리스천 헤럴드

전계남 목사님과

김순분 사모님을

위해

그리고

나의 연인, 김현미 사모와

믿음으로 승리할, 나의 딸 예슬이를 위해

현실은 패배 이후부터 시작된다. 추락할 때까지 추락하면 길이 보이지 않겠는가? 국가도 흥망성쇠가 있고, 한 가문도 일어섬과 무너짐이 있고, 꽃도 피고 짐이 있거늘, 일개 인간에게 영욕이 없을쏘냐? 다시 한국으로 돌아 왔을 때, 인생들의 백가쟁명(百家爭鳴)으로 정국은 혼란했다. 그 가운데 책 몇 권과 함께 초야(草野)로 돌아왔다. 학문의 숲에서, 펜과 함께 인생의 학익진(鶴翼陣)을 펼친다.

이 책은 나에게 "먼저 다가온 미래"이자 "선취된 미래"다. 나의 학문적 자질은 비천하지만, 학문의 순례가운데, 학자로서 나를 세우길 원한다. 학자로서의 정체성을 정립하는 유일한 길은 나의 논리와 사상을 세상에 선언하는 것이다. 그리고 그 전면에 나의 글이 있다. 글로 다시 길을 열 것이다.

이 책은 나의 석사학위 논문을 Emory University, Candler School of Theology에서 공부하는 동안 발전시킨 것이다. 성서를 해석하고 바라보는 다양한 관점이 있지만, 크게 『역사비평』과 『문학비평』과 『포스트모던비평』, 세 가지로 구분될 수 있다.

역사비평은 성서저자와 그가 속한 공동체의 삶의 정황(*Sitz-Im-Leben*)을 탐구한다. 하우젠(J. Wellhausen)으로 시작된 『역사비평』에는 궁켈(J. F. H. Gunkel), 디벨리우스(M. Dibelius), 불트만(R. Bultmann) 등에 의해 다듬어진 "양식비평", 양식비평을 토대로 폰 라트(G. von Rad)와 노트(M. Noth) 등에 의해 심화된 "전승사비평", 보른캄(G. Bornkamm), 막센(W. Marxsen), 콘첼만(H. Conzelmann) 등에 의해 시도된 "편집비평", 키이(H. C. Kee), 타이센(G. Theissen), 엘리오트(J. H. Elliott), 맬리나(B. J. Malina), 버거(P. L. Berger), 서중석 등의 학자들에 의해 다루어진 "사회학적비평" 등이 있다. 양식비평은 성서본문이 속한 장르(Genre)를 중시한다. 양식비평은 성서본문의 장르를 알아야 그 본문의 진정한 의미를 알 수 있다는 전제를 가진다. 전승사비평은 한 세대에서 다음 세대로 넘어가는 말과 기록에 집중한다. 한 집단이나 공동체의 공동의 유산이 된 전승은 전달되면서 변화되고 발전된다. 편집비평은 최종 성서기자의 편집과 그 같은 순서로 편집된 기록 의도에 관심을 기울인다. 사회학적비평은, 특별히 신약에서, 주후 1세기 사회적 조건(정치·경제·문화적 조건 등)이 당시 원시 기독교의 삶에 영향을 미친다고 간주한다. 그러하기에 성서기자가 속한 공동체와 외부와의 관계와, 그 공동체 내부의 그룹들과 멤버들의 관계를 다룬다.

로드(D. M. Rhoads)와 미키(M. Michie) 등에 의해 지지된 『문학비평』은 실제저자가 누구인지 알 수 없다는 전제 아래, 본문 그 자체에 집중한다. 문학비평에서 암시된 저자와 등장인물들(characters)의 성격과 심리를 파악하는 것은 중요하다. 문학비평에는 "설화(narrative)비평", "구조주의비평", "수사학적비평" 등이 있다. 설화비평은 성서본문을 하나의 통일된 통전적 이야기로 받아들이고, 설화자(narrator) 혹은 해설자의 의도와 최종 목적을 찾아낸다. 구조주의비평의 경우, 본문에 내재한 심층구조를 찾고, 그 구조들의 관계성을 연구하여, 본문이 독자에게 제공하는 의미를 탐색한다. 수사학적비평은 성서본문에 나타나고 있는 문학적 수사학적 기교의 독특성에 관심을 갖는다.

『포스트모던비평』은 저자와 공동체를 다루는 『역사비평』이나 본문 그 자체에 몰두하는 『문학비평』과 달리, 수신자 혹은 독자 중심에서 성서를 해석한다. "독자반응비평", "해체주의비평", "이념적비평" 등이 포스트모던비평에 속한다. 이저(W. Iser), 컬러(J. Culler), 홀런드(N. Holland)와 블룸(H. Bloom), 피시(S. Fish), 야우스(Hans R. Jauss) 등에 의해 지지된 독자반응비평은 독자를 본문의 의미를 발견하는 주체로 세운다. 독자는 본문간의 모순이나 충돌을 틈 메우기(filling gap)를 통해 해결하고, 예상과 회상을 통해 자기가 발견한 본문의 의미를 강화한다. 프랑스 철학자 데리다(J. Deridda)에 기인한 해체주의비평은 본문 혹은 저자의 불완전성과 모순을 발견함으로 본문 그 자체에 도전한다. 이념적비평은 소수자의 입장을 변호하려는 의도를 지닌다.

학자들이 가진 나쁜 습관 중 하나는 최신의 학문적 접근이 과거의 학문적 접근보다 더 좋고 나을 것이라는 생각이다. 성서주석가는 그가 만난 본문을 연구할 수 있는 다양한 가능성 중, 하나의 특수한 전망을 택할 자유가 있다. 이 책은 사회학적 성서해석방법을 통해 히브리서 저자를 읽고, 히브리서 수신공동체를 읽고, 멜기세덱을 읽고, 히브리서의 예수를 읽는다. 이 책은 사회학적 방법으로, 구체적으로 중수준 접근방법으로, 히브리서 저자의 펜을 움직이게 한 사회적 정황과 저자의 전략, 그리고 성서본문을 분석한다. 이것은 저자와 성서본문, 그리고 독자의 삼중연관성을 전제한다.

이 책은 히브리서의 정황을 구명(究明)함에 있어, 신약 배경사의 통찰에 힘입어 70년 예루살렘 대파국 이후, 바리새 유대교와 로마 제국의 관계가 일정기간동안 상대적 우호관계를 유지했음을 추적하고, 이 같은 일시적 "상대적 우호관계"는 히브리서 공동체에게 『이중의 박해』로 작용했음을 조망한다. 또한 이중박해의 정황 속에서, 히브리서 공동체에서 이탈을 시도하려는 구성원들의 속적(足跡)을 살피고, 히브리서 공동체 안에 있었던 친유대주의그룹과 반유대주의그룹의 내부갈등을 고찰한다. 히브리서 저자는 외부박해와 내부갈등을 타개하기 위해, 멜기세덱을 끌어들여 대제사장 기독론을 전개한다. 대제사장 기독론은 바리새 유대교와 로마 제국에 대해 신학적 우위를 확보하려는 저자의 시도이며, 또한 이중 핍박의 정황에서 고난 감내를 촉구하는 저자의 호소이다.

멜기세덱은 "유대(구약) 전통"과 연결되기도 하고, 단절되기도 하는 이차적 양상을 띤 존재이다. 히브리서 저자는 아론 계열보다 우월한 멜기세덱의 제사장직을 설명하고, 멜기세덱의 제사장직 보다 우월한 그리스도의 대제사장직을 역설한다. 히브리서 저자는 "멜기세덱과 같은 대제사장 예수"가 아닌 『멜기세덱적(的) 대제사장 예수』를 증언한다. 즉 멜기세덱의 대제사장직은 그리스도의 대제사장직과 형식(taxin taxin)에 있어 기능적(function)으로 유사하지, 본질적(nature)으로 유사하지 않다.

나는 이 지면을 빌려 감사를 전하려 한다. 나의 연인, 김현미 사모와 태중에 있는 아기는 이 책을 쓸 수 있는 힘을 주었다. 어린 시절 나를 길러주신 고(故) 조임순 권사님, 진실한 목사인 나의 아버지 전계남 목사님, 기도하는 어머니 김순분 사모님에게 깊은 사랑과 존경을 표한다. 바이올린으로 하나님께 영광 돌리고 있는 큰누님 전주희 전도사님, 매형 가즈야, 의료 선교를 감당하고 있는 작은 누님 전은희 전도사님, 우리 가족의 축복인 조카 예림이에게 감사의 마음을 전한다. 그리고 나를 사랑의 빚진 자 되게 한 참사랑감리교회(구 한남중앙감리교회) 성도님들, 목회의 길에 있어 늘 든든한 사표가 되어 주신 안승철 목사님과 조성근 목사님, 학문적 도전을 준 정진오 박사님, 학문적 도전을 정진오 박사님에게 감사를 전한다. 신앙의 친구인 김영식 집사님, 민상기 집사님, 류진형 목사님, 그리고 감리교신학대학교에서 함께 젊은 날을 나누었던 고인주 목사님, 김성래 목사님, 정신원 목사님, 임현묵 목사님, 장성진 목사님, 고동진 목사님, 이요섭 목사님, 양현식 목사님, 한승우 목사님, 이은복 목사님, 윤신명 목사님, 박성준 목사님에게도 감사를 전합니다. 또한 이 책의 출판을 허락해 주신 크리스천 헤럴드의 이명권 박사님에게 머리 숙여 감사한다.

이 책의 학문적 근원은 명백하다. 서중석 부총장님… 그 학문적 엄격함과 치열함! 나는 이 분으로부터 학문은 물론 삶의 전반에 취할 태세까지 배웠다. 유상현 교수님… 그 섬세한 주석들과 해석의 깊이! 나는 이 분으로부터 이 책을 쓸 수 있는 자양분을 얻었고 학문하는 쾌락에 대해 배웠다. 마지막까지 출판을 꺼려했던 이유는 스승님들의 학문적 전통에 누를 끼칠까하는 염려 때문이었다.

다시 십자가 앞에 무릎을 꿇는다.

주(主)를 위해 생각해야 했으되 생각하지 않은 모든 것과
주(主)를 위해 말해야 했으되 말하지 않은 모든 것과
주(主)를 위해 행해야 했으되 행하지 않은 모든 것을
지금 회개하오니
다만 당신의 충복한 종이 되게 하소서!
우리 주(主) 예수 그리스도의 이름으로 기도합니다. 아멘.

2010년 10월
대화동 서재에서

차 례

ABD	*The Anchor Bible Dictionary*
Bib	*Biblica*
BS	*Bibliotheca Scara*
BR	*Bible Review*
CTJ	*Calvin Theological Journal*
EDNT	*Exegetical Dictionary of the New Testament*
HJ	*The Heythrop Journal*
Int	*Interpretation*
JBL	*Journal of Biblical Literature*
JSNT	*Journal for the Study of the New Testament*
LTJ	*Lutheran Theological Journal*
Neot	*Neotestamentica*
NTS	*New Testament Studies*
NT	*Novum Testamentum*
RE	*Review and Expositor*
RQ	*Restoration Quarterly*
SJT	*Southwestern Journal of Theology*
TB	*Tyndale Bulletin*
TDNT	*Theological Dictionary of the New Testament*
WTJ	*Westminster Theological Journal*

제 *1* 장

서론

1. 바리새 유대교, 로마제국, 그리고 히브리서의 예수

히브리서는 신약성서 가운데 가장 난해한 텍스트들 중에 하나이다. 히브리서의 저자[1]와 수신지역[2]에 대한 학문적 논쟁

---

1) 저자에 대한 다양한 가능성(바울, 누가, 로마의 클레멘트, 아볼로, 바나바, 살라, 실루아노, 빌립, 마리아)이 학자들에 의해 제시되었다. 다음을 참고하라. A. Vanhoye, *Structure and Message of the Epistle to the Hebrews* (Rome: Editrice Pontificio Istituto Biblico, 1989), 3-5; H. W. Attridge, *The Epistle to the Hebrews* (Philadelphia: Fortress Press, 1989), 1-5; F. F. Bruce, 『히브리서』 이장림 역 (서울: 생명의 말씀사, 1986 [F. F. Bruce, *The International Commentary on the New Testament: Hebrews*, Grand Rapids, Michigan: Wm. B. Eerdmans Publishing Co., 1964]), 35-42; O. Michel, 『히브리서』 강원돈 역 (서울: 한국신학연구소, 1988 [O. Michel, *Det Brief an die Hebräer: Kritish-exegetischer Kommentar über das Neue Testament*, Göttingen: Vandenhoeck & Ruprecht, 1984]), 52-58. 그러나 반호에(A. Vanhoye)와 애트리지(H. W. Attridge), 브루스(F. F. Bruce)는 저자에 대해 알 수 없음을 결론적으로 밝힌다. 드실바(D. A. Desilva)의 경우에도 마찬가지이다. D. A. Desilva, "The Epistle to the Hebrews in Social-Scientific Perspective," *RQ* 36 (1994): 1-21, 특히 20. 미헬(O. Michel)의 경우에도 저자를 헬라적 교육을 철저히 받고 묵시문학적인 원 그리스도교 전통에 정통한, 속사도 시대 예수의 제자를 자청하는 사람일 것이라고 추측할 뿐이다. O. Michel, 『히브리서』, 58. 피츠너(V. C. Pfitzner) 또한, 히브리서 저자를 아볼로로 가정하지만 정확히 누가 저자인지에 대해서는 "오직 하나님만이 아신다"는 교부 오리겐의 진술을 되풀이한다. V. C. Pfitzner, 『히브리서』 이기문 역 (서울: 컨콜디아사, 1990 [V. C. Pfitzner, *Hebrews*, Nashiville: Abindon Press, 1987]), 26-27. 레인(W. L. Lane)의 경우에도 마찬가지이다. 레인은 누가 이 설교를 썼는지, 저자가 어디에 있었는지 알 수 없음을 지적한다. 이에 대해서는 W. L. Lane, "Hebrews: A Sermon in Search of a Setting," *SJT* 28/1 (1985): 13-18, 인용은 16. 일군의 학자들(Westcott, Willson, Bruce, Manson 등)은 히브리서 저자를 신약성경에 언급된 어떤 인물과 일치시키는 일을 대단히 꺼린다. B. Lindars, 『히브리서의 신학』 김진현·이상용역 (서울: 솔로몬, 2000 [B. Lindars, *The Theology of the letter to the Hebrews*, Cambridge; New York: Cambridge University Press, 1991]), 38.

은 아직 해결되지 않은 상태에 있다. 또한 히브리서를 목회적 차원의 설교3)로 파악할 것인가 서신4)으로 간주할 것인가의 문

---

2) 반호에는 저자가 수신자에 대해, 특별히 수신자들의 인종적 배경에 대해, 그리고 수신지역에 대해 어떤 증거도 남기지 않았음을 지적한다. A. Vanhoye, *Structure and Message of the Epistle to the Hebrews*, 1-2. 큄멜은 이 서신이 예루살렘으로 보내진 것이 아니라는 점은 확실하다고 주장한다. 왜냐하면 예루살렘 원 교회는 가난했고 외부의 공동체로부터 지원을 요구했으나(안디옥과 바울의 선교지역에서는 그들을 위해 헌금하였음). 그러나 히브리서의 독자들은 다른 사람들을 지원했던 몇 번의 경험을 가지고 있었기 때문이다. 피츠너의 경우, 13:24을 근거로 히브리서 저자가 본 서신을 이탈리아에서 썼거나 이탈리아로 써보냈다고 제시하며 후자의 경우가 더 타당할 것이라는 가정을 내세운다. 그는 본 서신의 저자를 로마나 고린도에 거하는 자로 단정한다. V. C. Pfitzner, 『히브리서』, 21-22. 이와 달리 린다스(B. Lindars)의 경우, 히브리서가 지중해 연안 어디엔가 살고 있던 비교적 잘 교육받은 유대 기독교인들에게 연설된 것이라고 주장한다. B. Lindars, 『히브리서의 신학』, 41. 수신지역에 대한, 이 학자들의 어떤 연구도 만족하게 충분한 설득력을 지니지 못한다.
3) 다음을 참조하라. W. L. Lane, "Hebrews: A Sermon in Search of a Setting,"*SJT* 28/1 (1985): 13-18; A. Vanhoye, *Structure and Message of the Epistle to the Hebrews*, 1-2; V. C. Pfitzner, 『히브리서』, 10-15; H. W. Attridge, *The Epistle to the Hebrews*, 14. 피츠너는 히브리서가 야고보서와 함께 초기 기독교의 매우 긴 훈계의 가장 좋은 예를 우리에게 제공해 준다고 주장한다. 또한 피츠너는 13:22절의 "권면의 말"을 제시하며 이 표현이 행 13:15에도 설교를 가리키는 것으로 사용되었음을 지적한다. V. C. Pfitzner, 『히브리서』, 10-15. 애트리지 또한 "그리스도의 중요성을 널리 알리고 수신자들이 공유해야 할 가치를 설득하는"히브리서의 교훈적 특성(설교)에 관심을 기울인다. H. W. Attridge, *The Epistle to the Hebrews*, 14.
4) 로이쓰(Ed. ReuB), 드 붸테(de Wette), 브레데(W. Wrede), 다이쓰만(A. DeiB mann), 디벨리우스(M. Dibelius) 등과 같은 학자들은 히브리서를 서신으로 간주했다. O. Michel, 『히브리서』 강원돈 역 (서울: 한국신학연구소, 1988 [O. Michel, *Det Brief an die Hebräer: Kritish-exegetischer Kommentar über das Neue Testament*, Göttingen: Vandenhoeck & Ruprecht, 1984]), 33. 최근의 학자로는 린다스가 있다. B. Lindars, 『히브리서의 신학』, 24.

제도 명확하지 않다. 다시 말해 그 어떤 가설도 결정적으로 설득력 있게 제시되지 못하고 있다. 이 책은 히브리서의 저자가 역사적으로 정확하게 누구인지, 히브리서 수신지역의 정확한 위치가 어디인지에 대해서는 관심을 가지지 않을 것이고, 또한 그것에 관해 큰 의미를 두지 않을 것이다. 다만 본 저서는 히브리서 저자의 특성5)과 히브리서 공동체6)의 정황, 그리고 대제사장 기독론의 역할을 논구할 것이다.

히브리서 저자는 예수 그리스도를 "하나님의 아들"로, 다윗의 후손인 "왕적 메시야"로, 멜기세덱의 형식을 잇는 "대제사장"으로, "믿는 도리의 사도(3:1b)7)"로, 또한 이끌고 돌보는 "양의

---

5) 히브리서 저자에 대해 누구인지 밝히려는 학자들의 견해는 늘 자의적 해석이라는 비판을 면키 어렵다. 다만 히브리서 저자가 헬라적 영향을 받았으며, 동시에 구약으로부터 심각한 영감과 영향을 받았음을 어느 누구도 부인할 수 없을 것이다. 레인은 히브리서를 "유대적 헬레니즘"(Jewish-Hellenistic) 설교로 파악한다. W. L. Lane, "Hebrews: A Sermon in Search of a Setting," *SJT* 28/1 (1985): 13-18, 인용은 14. 푼트(J. Punt)는 히브리서가 하나의 사상이 아닌 다양한 전승과 시대적 사상에 영향을 받았음을 제시한다. J. Punt, "Hebrews, thought-patterns and context: Aspect of the Background of Hebrews," *Neot* 31 /1 (1997): 119-154.
6) 히브리서 수신공동체를 의미한다.
7) "우리의 믿는 도리의 사도시며 대제사장이신 예수를 깊이 생각하자"(3:1b) : 신약성서에서 예수를 사도로 표현하는 것은 오직 이곳뿐이다. 물론 사도에 대한 개념이 바울서신 등에서 확대되고 있지만, 사도에 대한 개념은 역사적 예수와 함께 했던 제자들을 일차적으로 의미한다. 스트레커(G. Strecker)는 "사도이며 대제사장이신 예수 그리스도"라는 진술이 초대교회의 공식적 고백 공식이 아니라고 주장한다. 이에 대해서는, G. Strecker, *Theology of the New Testament*, trans. M. E. Boring (Louisville: Westminster John Knok Press, 2000[*Theologie*

큰 목자(13:20)"로 표현한다.

그러나 무엇보다도 히브리서 저자는 "대제사장 기독론"이라는 신학사상을 전개한다. 신약성서의 어떤 저자도 예수에게 대제사장이라는 칭호를 주지 않는 반면, 히브리서 저자가 예수에게 대제사장이라는 칭호를 주는 것은 놀라운 일이다. 다른 신약성서의 저자들에게 있어 대제사장은 예수를 죽인 장본인이며 (마 26:59-69; 막 14:55-64; 요 11:45-53, 18:13, 19), 사도들의 복음전파를 싫어한 존재이며(행 4:1-3; 5:17), 스데반을 심문한 핍박자이며(행 7:1), 바울을 고소한 고소자(행 24:1)이다. 이런

das Neues Testaments, Berlin: Walter de Gruyter & Co., 1996]), 610 참조. 휴스 (P. E. Hughes)는 예수가 첫 번째 사도이자 가장 위대한 사도이며, 모든 사도권의 기본이라는 의미로 히브리서 저자가 사용한다고 제시한다. P. E. Hughes, *A Commentary on the Epistle to the Hebrews* (Grand Rapids, Michigan: Wm. B. Eerdmans Publishing Co., 1977), 125. 스콧(B. R. Scott)의 경우, 그는 예수가 하나님의 계시를 인간에게 가져오는 의미에서 사도라는 표현이 사용되었다고 언급한다. B. R. Scott, "Jesus' Superiority over Moses in Hebrews 3:1-6," *BS* 155 (1998): 202. 그러나 이 학자들의 그 어떤 해석도 만족스럽지 못하다. 애트리지(H. W. Attridge)는, 저자가 사도와 대제사장으로서의 예수를 언급하는 것은, 사도가 교회의 대표이고 대제사장이 유대교의 대표라는 대표성을 가진 것을 말하기 위한 것이고 그 대표성은 하나님과 인간을 중재하는 대표성이라고 주장한다. H. W. Attridge, *The Epistle to the Hebrews*, 107. 그러나 이 같은 애트리지의 주장을 용인하기는 어렵다. 왜냐하면 애트리지의 주장을 인정하면, 예수가 유대교의 대표가 되기 때문이다. 히브리서 저자가 히브리서 공동체의 적대세력인 유대교의 대표로 "예수"를 진술할 이유도 필요성도 없다. 3:1b에서 예수를 생각하고 고백하는 주체는 히브리서 공동체이다. "예수를 깊이 생각하자"(κατανοήσατε)는 독특한 표현이다. "생각하자"(κατανοήσατε)는 시각적 단어이다. 주목해서 바라보며 생각해야 하기 때문이다. 예수를 생각하면 떠오르는 이미지와 말씀이 있기에 "κατανοήσατε"는 시청각적 용어가 된다.

관점에서 히브리서 저자가 예수에게 대제사장 칭호를 부여하는 것은 이례적인 일이다.

특별히 저자는 예수 그리스도의 대제사장직을 전개하고 설명하는 데 있어 멜기세덱을 끌어들인다. 따라서 예수 그리스도의 대제사장직을 온전히 이해하기 위한 해결의 실마리는 멜기세덱에게 있다. 그러나 멜기세덱에 관한 저자의 진술은 여러 가지 해석의 어려움을 준다. 왜 저자는 그리스도의 대제사장직을 설명하는데 멜기세덱을 동원하는 것일까? 멜기세덱은 예수 그리스도와 어떤 관련이 있는가? 또한 그리스도의 대제사장직이 멜기세덱의 대제사장직을 통해서 설명된다면 이 둘의 차이점은 무엇인가? 본 저서에서는 이 같은 질문에 응답할 것이다. 더 나아가 히브리서는 정황문서라는 성격을 가지므로, 본 저서는 히브리서의 기저(基底)를 형성한 히브리서 공동체의 다양한 삶의 정황을 탐구할 것이다.

정리하자면 이 책의 첫 번째 연구목적은 『히브리서 공동체의 정황』을 추적하는 것이다. 따라서 본 연구에서는 히브리서 공동체의 정황을 추적하기 위해, 당시 삶을 재구성할 수 있는 "다양한 신약성서 배경에 관한 지식들"이 제시될 것이고, "정황을 추정할 수 있는 단락들에 대한 주석"이 병행될 것이다.

이 책의 두 번째 목적은 멜기세덱을 통해 논증되고 있는 『그리스도의 대제사장직의 역할』을 본격적으로 조명하는 것이다. 따라서 본 논문은 "멜기세덱 관련단락"을 주석 할 것이다.

치열한 삶의 자리

이 책은 주후 1세기 사회적 조건이 당시 원시 그리스도교의 삶을 제한한다고 상정한다. 여기서 사회적 조건이란 정치·경제·문화적 조건 등을 포괄하는 의미를 지닌다. 따라서 이 논문은 히브리서 공동체의 정황과 대제사장 기독론을 탐구하는데 있어서 사회과학적 성서해석[8]의 방법을 채택할 것이다. 맬리나(B. J. Malina)는 사회과학적 성서해석이 인간의 세계가 어떻게 본문과 상호작용을 하는지 그리고 왜 본문이 그런 식으로 쓰여졌는지를 밝히는데 유용하다고 주장한다.[9] 더 나아가 맬리나는 해석자의 임무에 대해 다음과 같이 제시한다.

과거로부터 (의미의 연합체인) 본문을 해석하기 위해, 해석자는 본

---

8) 사회학적 해석에 대해서는 다음을 참조하라. 서중석, "사회학적 신약해석의 동향", 『복음서 해석』(서울: 대한기독교서회, 1991), 397-428; "신약성서 해석을 위한 사회학 이론", 『바울서신 해석』(서울: 대한기독교서회, 1998), 301-341; Joong S. Suh, "Sociological Theory for New Testament Interpretation," in *The Glory in the Gospel of John: Restoration of Forfeited Prestige* (Oxford: M. P. Publication, 1995), 141-177; J. H. Elliott, *What is Social-Scientific Criticism?* (Minneapolis: Fortress Press, 1993), 7-8; B. J. Malina, "The Social Science and Biblical Interpretation," *Int* 37 (1982): 229-242.
9) B. J. Malina, "The Social Science and Biblical Interpretation," *Int* 37 (1982): 229-242, 인용은 232.

문이 어떻게 의미 있게 기능 하는지, 본문이 어떻게 작용하는지, 본문이 사람들과 사물들, 그리고 의미를 부여하는 과거의 사건들과 서로 서로 어떻게 연관되는지를 살펴야 한다.[10]

엘리오트(J. H. Elliott)의 경우, 성서에 대한 사회 과학적 비평을 사회과학의 관점들, 이론, 모델, 연구들을 이용하여 성서본문과 그것의 주변 정황의 사회적·문화적 측면들을 분석하는 주석 작업으로 정의 내린다.[11] 또한 그는 사회과학적 비평을 의미 있는 언어의 배치를 통해(저자와 독자 사이의 대화를 통해) 성서를 연구하는 방식이며, 성서 본문을 사회적·문화적 배경에 대한 반영(reflection)과 대응(response)으로 연구하는 것이라 제안한다.[12] 사회학적 성서해석에 대해 서중석은 다음과 같이 설명한다.

사회학적 해석이란 신약성서 본문에 나타나는 사상들이나 행위들을 그 본문 배후를 이루고 있는 팔레스타인이나 로마 제국 사회라는 폭넓은 사회적 준거틀 속에 위치시키거나, 원시 그리스도교 공동체들이라는 보다 구체적인 작은 단위의 준거틀 속에서 위치시킨 채, 해석하려는 하나의 전망 혹은 상상력의 한 형태이다. 따라서 사회학적 신약 해석의 관심은 성서 본문의 신학적, 윤리적 진술들 자체에 있지 않고, 그 진술들과 그것들의 사회적 상황들과의 관계에

---

10) *Ibid.*, 233.
11) J. H. Elliott, *What is Social-Scientific Criticism?*, 7.
12) *Ibid.*, 7-8.

있다.13)

이 책에서는 이 같은 사회과학적 성서해석을 통해 히브리서 공동체가 직면하고 있던 정치-사회적 구조와 상황들을 재건할 것이다. 즉 로마제국의 신정일치에 대한 갈등과 바리새 유대교와의 갈등이 서로 얽혀있는 히브리서 공동동체의 복합적인 정황을 재구성할 것이다. 또한 이 성서해석의 틀을 가지고 히브리서의 대제사장 기독론을 해석할 것이다.

다양한 사회과학적 이론들 중 본 논문은 지식사회학적 이론을 채택하여 논의를 전개 할 것이다. 종교와 세계형성에 있어 "사회의 효력"(efficacy of society)을 인정한 버거(P. L. Berger)는 사회의 기본적인 변증적 과정이 외재화(externalization), 객관화(Objectivation), 내재화(internalization)라는 세 단계로 구성된다고 밝힌다.14) 버거가 주장한 사회의 변증적 과정을 사회과학적 성서해석의 용어인 중수준적 접근으로 표현할 수 있을 것이다. 사회학적 해석의 이론에는 "거시적 접근"(macro approach), "미시적 접근"(micro approach), "중수준적 접근"(meso approach)이라는 세 가지의 접근 방식이 있다.15) "거시 사회학이론"은 규모가

---

13) 서중석, 『복음서 해석』, 397-398.
14) P. L. Berger, *The Scared Canopy: Element of a Sociological Theory of Religion* (New York): Doubleday & Company, 1967), 3-4.
15) 서중석, 『바울서신 해석』, 301-302

큰 사회적 관계의 기본 패턴과 과정을 설명함으로써 사회구조가 어떻게 개인의 행위에 영향을 미치는가에 관심 하는 반면, "미시 사회학 이론"은 개인이 어떻게 법적·정치적 체제와 같은 한 사회의 제도들을 포함하는 사회구조를 창출하는가에 관심 한다.[16] 그러나 이런 거시적 접근 방식과 미시적 접근 방식은 개인과 사회의 상호작용을 설명하는데 한계를 지닌다. 이 둘의 상호작용을 연결시켜주는 것이 바로 『중수준적 접근』이다. 이 같은 중수준적 접근은 다음과 같은 장점을 지닌다.

중수준 접근은 신약성서 연구에 매우 유익하다. 왜냐하면 그것은 신약성서 저자들이 그 문서를 산출한 공동체의 투영일 뿐 아니라 그 공동체의 역동적인 기획자이기도 하다는 암묵적인 통찰을 제공하기 때문이다. 거시적 접근에서 볼 때, 신약성서 저자들은 그들의 공동체에 의해서 상당히 제한을 받는 것으로 여겨진다. 미시적 접근에서 볼 때, 저자들이 공동체의 성격과 형태를 결정하는 것이 극대화된다. 그러나 중수준적 접근에서는 신약성서 저자들이나 그 안에 묘사된 주인공들은 그들의 공동체에 영향을 끼치거나 또는 영향을 받는 것으로 간주된다. 그들은 자신의 공동체를 구성하는 사람인 동시에 그 공동체에 의해서 구성된 사람들이다.[17]

이 같은 중수적 접근은 거시적 접근과 미시적 접근의 약점

---

16) Ibid., 301-341.
17) 서중석, 『바울서신 해석』, 340.

을 극복할 수 있고 저자와 공동체의 상호작용을 파악할 수 있다는 점에서 설득력을 지닌다. 따라서 이 책은 중수적 접근방식을 채택하여 히브리서 저자와 히브리서 공동체의 상호관계를 추적할 것이다. 또한 사회학적 준거틀을 가지고 히브리서 공동체의 정황을 파악할 것이고, 아울러 대제사장 기독론이 히브리서 공동체에게 주는 함의를 고찰할 것이다.

정황을 파악함에 있어 이 책은, 첫째로 히브리서 공동체 밖 외부세계 정황, 즉 유대교와 로마제국의 갈등정황을 살필 것이다. 둘째로 히브리서 공동체와 바리새적 유대교와의 갈등정황, 그리고 히브리서 공동체와 로마제국과의 갈등정황을 고려할 것이다. 셋째로 히브리서 공동체 내부의 정황을 연구할 것이다.

특별히 이 책은 "히브리서 공동체의 사회-정치적 정황"을 추적하는데 있어 『그레코 로만적 배경』(Greco-Roman Context)을 중시할 것이다. 히브리서 공동체의 대(對) 로마 입장은 히브리서 공동체를 이해하는 데 유용한 안목을 준다. 히브리서 공동체와 바리새 유대교의 관계는 그 당시 절대 권력을 행사했던 로마와 더불어 살펴야 한다.

히브리서는 예수 그리스도의 절대적인 우월을 강조한다. 히브리서 저자는 천사보다, 모세보다, 여호수아보다, 그 이전의 대제사장들보다 더 큰 예수를 증언한다. 이것을 단지 본문에만 한정하지 말고 히브리서가 저술된 당대의 배경과 연결시킨다면, 히브리서에 대한 보다 확장된 이해를 가질 수 있다. 즉 "로만 콘텍스트"(Roman Context)에 적용해 보면, 히브리서 저자는 로마 황제보다 우월한 그리스도를 증언하고 있음을 알 수 있다. 이를 침묵으로부터의 주장이라고 간주할 수 있다.[18]

본 연구에서는 히브리서 저자가 "어떻게 예수 그리스도의 대제사장직을 논증하고 발전시키는가"라는 문제에 집중할 것이며, 예수의 대제사장직에 집중하는 연구의 성격상 히브리서 본문의 모든 구절에 대해 세밀히 주석하기 보다는 예수의 대제사장직[19]과 이와 관련된 구절이 논의의 중점이 될 것이다. 그러나 논지의 발전을 위해 히브리서를 포함한 신약과 구약의 다른 구절들도 사용될 것이다.

또한 본 연구에서는 "히브리서 공동체가 처한 정황가운데 기독론이 어떤 역할을 하는지"를 규명할 것이다. 따라서 대제사장 기독론이 본 논의의 핵심이 될 것이다. 이를 위해, 멜기세덱을 상세히 조명함으로, 난해한 멜기세덱 단락의 올바른 주석을 시도할 것이다.

---

18) 피오렌자(E. S. Fiorenza)가 말하였던 "침묵으로부터의 주장"의 의미를 상기할 필요가 있다. *Ibid.*, 68.
19) 특별히 예수의 대제사장직과 고난을 강조한 5:5-10단락을 분석함에 있어서는 치밀한 주석을 시도할 것이다.

2. 대제사장 기독론 연구동향

히브리서 저자는 대제사장 기독론이라는 독특한 신학을 전개한다. 특별히 저자는 멜기세덱을 등장시키고 그리스도의 제사장직의 우월성을 논증한다. 이 같은 히브리서의 특성을 염두에 두고, 20세기 후반을 기점으로, 대제사장 기독론에 대한 연구 동향을 살펴보도록 하자.

스테워트(R. A. Stewart, 1968)는 집회서(*Ecclesiasticus*)와 랍비문서, 그리고 필로에게 있어, "죄 없는 대제사장"이 어떻게 표현되고 인식되는지를 연구하였다. 그는 구약에 죄 없는 대제사장이란 언급조차 없는 반면, 히브리서에는 "죄 없으신 대제사장의 표상"과 "갈보리에서 나타난 순결한 그리스도의 희생의 표상"이 구별되면서 혼합되어 있음을 주장하였다. 또한 그는 히브리서 전반에 "새 언약"이 흐르고 있음을 제시한다.[20] 이 같은 스테워트의 주장은 히브리서 저자가 그리스도의 대제사장직을 언급할 때, 제물 되고 동시에 대제사장 된 예수에 집중한다는 것을 간과했다. 히브리서에서 대제사장의 표상과 그리스도의 희생의 표상은 구별되지 않으며 동시적으로 일어난다.

휴스(G. Hughes, 1979)에 따르면, 히브리서의 일부 구성원

---

20) R. A. Stewart, "The Sinless High-Priest," *NTS* 14 (1968): 126-135.

들은 지속적인 핍박으로 인해 새롭게 갖게된 신앙을 포기하고 자신들이 나왔던 유대교로 복귀하려고 했는데, 이 편지는 그러한 역류를 막기 위하여 쓰여진 유대교와 대결하는 논쟁의 글이다. 히브리서 저자는 유대교와의 논쟁을 위하여 기독론의 우위성을 부각시키고 있다. 13:22에서 저자는 분명히 이 편지의 의도를 권면의 말이라고 밝히고 있다. 그러므로 이 편지의 신학 특히 기독론은 사실상 이 편지의 권면이라는 모티브로서 작용하고 있다고 보아야 한다.[21] 이 같은 휴스의 연구는 히브리서 공동체가 처한 박해와 그로 인한 배교(유대교로의 재복귀)의 정황을 파악하는데 공헌하였다. 그러나 휴스는 히브리서가 제시하고 있는 대제사장 기독론에 대해 살피지 않고, 예수의 대제사장직을 멜기세덱적 대제사장직으로 묘사하는 저자의 의도에 대해 설득력 있는 설명을 제시하지 않았다.

호베리(W. Horbury, 1983)는 대제사장들의 자비, 충성, 동정, 관용, 인간성, 연약함, 대표성 등은 유대교 자료(*LXX, Aristeas*, 마카비후서, 필로와 요세푸스의 글)에서 확증되고 있다고 주장한다.[22] 호베리는 유대교 자료를 토대로 아론 계열 제

---

21) G. Hughes, *Hebrews and Hermeneutics: The Epistle to the Hebrews as a New Testament Example of Biblical Interpretation* (London: Cambridge University Press, 1979), 1-3.

22) W. Horbury, "The Aronic Priesthood on the to the Hebrews," *JSNT* 19 (1983): 43-71.

사장들에 대한 긍정적인 묘사를 연구하였다. 그는 히브리서 저자가 여러 유대교 자료들에 기록된 아론 계열 제사장들에 대한 긍정적인 묘사를 인식하고 있었으며, 그 같은 긍정적 묘사를 예수 그리스도에게 동일하게 적용한다고 주장한다.[23] 그는 제사장들의 동정과 대표성을 예수의 동정과 대표성이 비슷함을 이야기하고, 레위의 시험과 예수의 시험의 유사성을 언급한다.[24] 그러나 히브리서 저자가 아론계열의 제사장직에 대해 부정적으로 인식한다는 사실이 호베리의 논지를 약화시킨다. 저자는 멜기세덱 제사장직보다 열등한 아론계열의 제사장직을 언급하고 있으며, 이를 통해 예수 그리스도의 대제사장직의 우월성을 확보한다. 그러나 호베리의 주장보다 히브리서가 아론계열보다 우월한 멜기세덱의 제사장직을 논증한고 이를 통해 예수의 대제사장직을 설명한다는 논증들[25]이 보다 설득력이 있다. 그 근

---

23) *Ibid.*
24) *Ibid.*
25) 다음을 참조하라. J. M. Scholer, *Proleptic Priest: Priesthood in the Epistle to the Hebrew* (Sheffield: JSNT Press, 1991) 82-90; M. E. Isaacs, "Priesthood and the Epistle to the Hebrews," *HJ* 38 (1997): 51-62; M. J. Paul, "The Order of Melchizedek(Pa 110:4 and Heb 7:3)," *WTJ* 49 (1987): 195-211, 특히 205; J. A. Fitzmyer, "Melchizedek in the MT, LXX, and the NT," *Biblica* 81 (2000): 63-69; P. Ellingworth, *The Epistle To the Hebrews: A Commentary on the Greek Text* (Grand Rapids, Michigan: Wm. B. Eerdmans Publishing Co., 1993), 354-357; F. F. Bruce, *The Epistle to the Hebrews* (Grand Rapids, Michigan: Wm. B. Eerdmans Publishing Co., 1990), 156-160; P. E. Hughes, "The Christology of Hebrews," *SJT* 28/1 (1985): 19-27.

거들은 이 책의 전개를 따라 후술될 것이다.

케제만(E. Käsemann, 1984)은 히브리서에서 예수의 인성과 하나님 아들로서의 존엄성이 아주 무겁게 강조되고 있는 기독론의 탐구가 있음을 제시한다.[26] 비록 케제만이 히브리서에 나타난 예수의 인성과 신성을 조화시켰지만, 그는 히브리서가 묘사하고 있는 예수상은 멜기세덱적 대제사장, 즉 왕적 대제사장직임을 포착하지 못했다. 다시 말해 히브리서의 예수 고백에 담긴 사회 정치적 함의를 추적하지 못했다.

휴스(P. E. Hughes, 1985)는 히브리서의 주요 목적이 절대적이고 비교할 수 없는 그리스도의 우월성의 강조에 있다고 주장하며, 예언자, 천사, 모세, 아론과 그리스도를 비교하여 그리스도의 우월성을 세세히 살핀다. 그는 주목할 만한 "유형론적 고찰"(typological consideration)이 멜기세덱과 예수의 대제사장직에서 발견된다고 제시하고, 제사장직과 왕직이 멜기세덱의 한 인격 안에서 결합됨에 주목한다. 또한 그는 그리스도의 중재적 역할이 동정(우리 인성에 대한 그의 참여, 우리가 겪은 동일한 시험들을 그가 겪으심)과 모든 시험에 대한 승리에 근거한다고 제시한다. 휴스의 연구에 따르면, 멜기세덱에 대한 사도적

---

26) E. Käsemann, *The Wandering People of God: An Investigation of the Letter to the Hebrews*, trans. R. A. Harrisville & I. L. Sandberg (Minneapolis: Augsburg Publishing House, 1984), 24.

가르침이 독점적으로 히브리서에서 설명되어지고 신약 어느 곳에서 히브리서와 같이 자세하게 멜기세덱이 설명되지 않는다. 그는 멜기세덱의 이름에 메시아적 의미(의의 왕, 평화의 왕)가 내포되었다고 설명한다. 아울러 그는 히브리서 저자가 상징적 배경으로 대속죄일을 염두에 두고 있음을 밝힌다.[27] 휴스가 예언자, 천사, 모세, 아론과 비교하여 그리스도의 우월성을 변증했으나, 그는 멜기세덱보다 우월한 그리스도의 제사장직에 대해서는 침묵한다. 그에게 있어 단지 예수는 멜기세덱의 특성을 가지고 있을 뿐이다. 이는 유형론적 분석의 한계이다.

주후 1세기의 대제사장직을 고찰한 송거(H. S. Songer, 1985)의 경우에도, 위엄과 자비를 강조하는 예수의 대제사장직의 우월성을 강조한다. 송거는 주후 1C에 유대인이나 헬라인이나 제사장직을 의미 있고 성공적인 생활을 위한 토대로 이해했다고 제시한다. 그 당시 제사장직은 두 가지 측면에서 유용성을 지니는 것으로 이해되었다. 첫째 제사장직은 신성에 접근하는 기회를 부여하고, 둘째 제사장직은 시민들과 국민들의 안전과 부를 보장한다. 제의를 수행함으로 시민들과 국민들의 안전과 부를 신으로부터 보장받는 것이다. 송거는 멜기세덱이 구약에서 단지 2곳(창 14장; 시 110편)에 언급됨을 밝히고, 히브리서 저자가 시 110편의 관점으로 그리스도의 대제사장직의 설명을

---

27) P. E. Hughes, "The Christology of Hebrews," *SJT* 28/1 (1985): 19-27.

시작하고, 그 관점에서 창 14장을 해석한다고 주장한다. 저자에게 있어 멜기세덱은 그리스도의 전형(type)이지만, 그는 불완전하게 묘사되고, 이에 반해 멜기세덱의 원형(anti-type)[28]인 예수는 실제적으로 묘사된다. 구약성서는 멜기세덱의 출생한 날과 죽은 운명에 대해 언급하지 않는다. 이것은 멜기세덱이 하나님의 아들과 닮았음(resembles)을 강조하는 것이다. 왜냐하면 시 110:4의 중요한 인용에서 확인된 것처럼 예수는 영원히 제사장으로 남아있기 때문이다. 멜기세덱은 예수의 전조(foreshadow)를 보여준다. "이 사람이 얼마나 위대한지를 보라"(7:4)는 진술은 예수가 얼마나 위대한지를 보라는 것이다.[29] 멜기세덱을 그리스도의 전형(type)으로, 예수를 멜기세덱의 원형(anti-type)으로, 즉 구약성서에 나온 사건으로 그 형이 이미 예시된 신약시대의 사건으로 파악한 송거의 연구는 좋은 통찰을 준다. 하지만 송거는 멜기세덱의 제사장직이 아론계열보다 우월하다는 기존의 연구성과를 되풀이하며 멜기세덱을 예수의 전조(foreshadow)로 파악할 뿐이지, 멜기세덱보다 예수가 어떻게, 어떤 점에서 우월한지에 대해 의견을 개진하지 않는 한계를 보인다.

　　레인(W. L. Lane, 1985)은 히브리서의 삶의 자리를 추적하

---

28) 대형(對型)을 의미한다.

29) H. S. Songer, "A Superior Priesthood: Hebrews 4:14-7:28," *RE* 82/3 (1985): 345-359.

면서 히브리서의 배경이 제자직에 대한 대가와 관련된다고 주장한다. 저자는 예수가 제자직을 위해 강림했음을 또한 부활의 능력으로 위대한 대제사장이 되었음을 강조한다. 저자가 예수를 멜기세덱과 같은 대제사장으로 묘사한 것은 죽음에서 살아났기 때문이다. 예수는 부활했기 때문에 자신의 직분을 영원히 가지고 계시는 "왕적 대제사장"이 된다.[30] 이 같은 레인의 주장은 다음과 같은 이유로 용인되기 어렵다. 레인은 예수가 대제사장이 된 근거를 "부활"로 한정하는 우를 범한다. 히브리서 저자는 다른 많은 이유(하나님의 부르심, 하나님의 맹세, 고난에 순종하심 등)를 제시하며 예수가 대제사장이 된 근거를 확보한다. 또한 예수는 이미 부활이전에 십자가에서 제물이 되는 동시에 대제사장이 되어 영원한 속죄 제사를 일시에 드렸다. 따라서 레인의 주장과는 달리 예수는 부활 이전에 이미 대제사장이었다.

폴(M. J. Paul, 1987)은 예수가 혈통을 가지고 있지만 그것을 필요로 하지 않는다고 주장한다. 다시 말해 그는 예수가 유대 지파(7:14)이지 레위 지파에 속하지 않음을, 즉 예수는 멜기세덱처럼 혈통을 따른 제사장이 아님을 지적한다. 또한 그는 히브리서 저자가 시 110편과 관련하여 예수와 다윗 계통의 전통적 왕권을 연관시키기 위해 유대 지파를 언급했을 가능성을 제

---

30) W. L. Lane, "Hebrews: A Sermon in Search of a Setting," *SJT* 28/1 (1985): 13-18.

시한다.[31] 이 같은 폴의 연구는 예수와 다윗과의 연관성과 예수의 대제사장직과 멜기세덱의 대제사장직의 연관성을 살폈다는데 그 의의가 있다. 그러나 폴은 예수와 멜기세덱의 대제사장직의 연관성에 집중한 결과, 예수의 대제사장직과 멜기세덱의 대제사장직을 "동일시"하는 우를 범한다. 다시 말해 그는 예수의 대제사장직과 멜기세덱의 대제사장직의 "차이점"을 적절히 다루지 못했다.

1990년대 대제사장 기독론에 대한 연구로는, 예수의 대제사장직을 "천상적 대제사장직"과 "지상적 대제사장직"으로 설명하려는 시도들이 있었다. 쉴러(J. M. Scholer, 1991)는 그의 연구에서, 그리스도의 대제사장 활동에 대한 연대기적(chronological) 혼란에 대한 문제를 제기한다. 쉴러는 히브리서 독자들과 그리스도의 대제사장직의 친밀감을 살피고, 예수의 대제사장직을 천상적 대제사장직과 지상적 대제사장직으로 구분하여 히브리서의 대제사장 기독론을 설명한다.[32] 이 같은 쉴러의 주장은, 예수의 대제사장직을 천상적 혹은 지상적 제사장직으로 단순하게 이원하여 구분 할 수 없음을 간과했다. 스트레커(G. Strecker, 1996)의 경우, 히브리서의 기독론이 천상적 대제

---

31) M. J. Paul, "The Order of Melchizedek(Pa 110:4 and Heb 7:3)," *WTJ* 49 (1987): 195-211, 인용은 205.
32) J. M. Scholer, *Proleptic Priest: Priesthood in the Epistle to the Hebrew*, 82-90.

사장직에 집중되어 있다고 규정하며, 하나님 아들의 대제사장직은 구약의 지상적 대제사장직과 대조된다고 언급한다. 그는 히브리서 저자가 구약과 유대전승에 나오는 멜기세덱을 이용하여 그리스도의 대제사장직에 대한 그 자신만의 독특한 해석을 만든다고 주장한다. 스트레커의 연구에 따르면, 저자는 아브라함과 레위에 대한 우월성을 논증하고, 그것에 의해 천상적 대제사장인 그리스도의 우월성을 증명한다. 멜기세덱과 유사한(like) 예수는 혈통과 율법에 의지하지 않고 하나님의 맹세에 의해 대제사장이 된다.[33] 그러나 스트레커는 예수의 지상적 대제사장의 역할과 사역을 무시하여 그 연구의 정당성을 상실한다. 예수는 지상적 대제사장직과 천상적 대제사장직을 모두 수행하는 존재이다. 예수의 지상적 대제사장직을 설명할 수 있는 것으로 "십자가 사건"을 제시할 수 있다. 저자는 십자가 사건을, 예수 그리스도 자신이 "대제사장"으로 "제물"되어 영원한 속죄 제의를 이루었다고 해석한다. 저자는 예수 그리스도의 지상적 사역인 십자가 사건을 복음의 지평아래서 속죄제의로 해석하는 것이다. 이는 명백히 예수의 지상적 대제사장직이라 표현할 수 있다. 또한 스트레커는 멜기세덱보다 우월한 그리스도를 포착하지 못하고 멜기세덱과 예수의 대제사장직의 차이를 살피지 않았다.

---

33) G. Strecker, *Theology of the New Testament*, 605-620.

이삭스(M. E. Isaacs, 1997)의 연구는 히브리서의 대제사장 기독론에 대한 좋은 전기를 마련해준다. 그는 히브리서 저자가 그리스도인의 신앙을 진술하는 데 있어, 어떻게 제의 제도(cultic institution)를 활용하였는지를 추적하였다. 그는 신약에서 제사장이란 용어는 기독교 성직자를 나타내는 말이 아니며, 주후 1세기에 예루살렘 제의는 효력을 가지고 있었고, 히브리서는 제의적 언어를 제한적으로 독특하게 사용한다고 밝힌다. 그는 멜기세덱의 제사장직이 우월한 제사장직의 유형으로 제시되며, 예수의 대제사장직이 "멜기세덱 계열"(Melchizedekian)이라고 제시한다. 그의 진술에 따르면 멜기세덱도 예수를 닮은 것이지 그 역이 아니기 때문에(7:3), 멜기세덱 역시 예수에 대한 결정적인 모델을 제시하지 못한다.[34] 이삭스의 주장은 대제사장 기독론 연구에 있어 좋은 통찰을 주었지만 다음과 같은 한계를 가진다. 무엇보다 이삭스는 그리스도의 대제사장직을 설명하기 위해 멜기세덱을 동원하여 의견을 개진하는 저자의 의도를 살피지 않았고, 저자의 이 같은 시도를 히브리서 공동체의 정황과 긴밀하게 연결시키지는 못했다. 또한 이삭스의 주장과는 달리, 저자는 예수 그리스도의 대제사장직을 설명하기 위해 멜기세덱의 대제사장직을 결정적인 모델로 제시하고 있다. 물론 저자는

---

34) M. E. Isaacs, "Priesthood and the Epistle to the Hebrews," *HJ* 38 (1997): 51-62.

예수 그리스도의 대제사장직의 우월성을 전제하고 있다.

타 문서와 히브리서의 멜기세덱을 비교하는 연구는 우드 (A. S. van der Woude)에 의해 제기되었다. 1965년 우드는 1956년 발견된 11Q멜기세덱의 원문을 그의 비평과 해석을 첨가해서 출판했다.[35] 그의 논문 주제인 "묵시 문학적 쿰란문서에서 새롭게 발견된 천상적 구속자로써의 멜기세덱"은 곧바로 주목을 끌었다.[36] 그의 연구에 따르면 하나님의 신실한 사람들을 보호하는 천상의 인도자인, 그리고 천상 군대 장관(chief of the heavenly hosts)인 멜기세덱의 직능은 사해 두루마리, 그리고 후기 유대교 전승 그리고 초기 기독교 문헌에 등장하는 천사장 미가엘의 직능과 유사하다.[37] 야딘(Y. Yadin) 또한 우드와 마찬가지로 11Q멜기세덱과 히브리서의 멜기세덱의 관련성을 제시하였다. 피츠마이어(J. A. Fitzmyer)의 경우도 마찬가지이다. 그는 히브리서 저자가 쿰란문서(11Q멜기세덱)에 나오는 천상적 구속자(heavenly redemption-figure)로써 고양된 멜기세덱의 상을 이

---

35) G. L. Cockerill, "Melchizedek or 'King of Righteousness," *EQ* 63:4 (1991): 305-312, 인용은 305. 종(M. de Jonge)과 우드(A. S. van der Woude)의 연구를 참조하라. M. de Jonge and A. S. van der Woude, "11QMelchizedek and the New Testament," *NTS* 12 (1966): 301-323.
36) 이에 대해서는, J. A. Fitzmyer, "Futher Light on Melchizedek from Quamran Cave 11," *JBL* 86 (1967): 25-41, 특히 25 참조.
37) M. de Jonge and A. S. van der Woude, "11QMelchizedek and the New Testament," *NTS* 12 (1966): 301-323, 인용은 305.

용하여 레위계열보다 우월한 그리스도의 대제사장직을 전개했음을 주장한다.[38] 즉 히브리서 저자가 11Q멜기세덱의 영향을 받았다는 것이다.

11Q멜기세덱과 히브리서를 연결시킨 이 학자 군(群)과는 달리 칵커릴(G. L. Cockerill)은 11Q멜기세덱과 히브리서의 멜기세덱 형상들에 유사성이 거의 없음을 제시한다.[39] 그는 히브리서에 11Q멜기세덱을 특징짓는 군사적이거나 심판자적인 이미지의 흔적이 없고, 히브리서는 멜기세덱에 대한 성서적 증거에 직접적으로 호소하는 반면, 11Q멜기세덱은 성서적 자료들에 대해 언급하지 않음을 그 증거로 제시한다.[40] 더 나아가 그는 11Q멜기세덱의 저자가 하나님 군대의 천사장을 창 14:17-20과 시 110:4에 나오는 멜기세덱과 동일시하지 않음을 제시한다.[41] 본 저서는 칵커릴의 주장을 받아들여, 11Q멜기세덱과 히브리서의 멜기세덱을 연결하는 것에 동의하지 않는다. 여기서 11Q멜기세덱과 히브리서의 멜기세덱을 비교한 학자들의 한계를 지적해보자. 이들은 단지 11Q멜기세덱과 히브리서를 비교했을 뿐 대제사장 기독론에서 멜기세덱이 어떤 역할을 하는지에 대해서

---

38) J. A. Fitzmyer, "Futher Light on Melchizedek from Quamran Cave 11", *JBL* 86 (1967): 25-41, 특히 41.
39) G. L. Cockerill, "Melchizedek or 'King of Righteousness", *EQ* 63:4 (1991): 305-312, 특히 306-307.
40) *Ibid.*
41) *Ibid.*, 312.

는 침묵하는 한계를 보인다.

11Q멜기세덱 외(外)의 타문서와 히브리서의 멜기세덱을 비교한 2000년 초의 연구로는 피츠마이어의 연구를 들 수 있다. 피츠마이어(J. A. Fitzmyer, 2000)는 그의 연구에서, MT과 LXX 그리고 신약에 나오는 멜기세덱 단락을 분석하여 비교하였다. 그는 레위 계열보다 우월한 멜기세덱의 대제사장직을 제시한다. 멜기세덱은 천상적인 대제사장이다.[42] 그에 따르면, 멜기세덱은 가나안적 "사제왕"(priest-king)이고 사제왕에 대한 사상은 유대인의 헬라-로마 시대에 보다 잘 이해되어졌다. 특별히 이런 사상은 셉투아진트(LXX), 요세푸스의 저작, 히브리서, 페쉬타(Peshitta)의 유비(allegorization)안에서 잘 이해될 수 있다. 창세기의 수수께끼 같은 인물 사제왕 멜기세덱은 그리스-로마 시대에 더욱더 탐구의 대상이 되었다. 성경이 후대에 어떻게 읽혀질 수 있는지 좋은 예를 제공한다. 피츠마이어는 멜기세덱에 관해 언급되는 구약의 두 곳(창 14:18-20; 시 110:4)을 세세하게 분석한다. 그에 따르면, 창14장은 일반적인 모세오경의 자료에서 유추된 것이 아니다. 즉 이 장은 J, E, P 문서의 것이 아니다. 그는 창14:18-20이 소돔왕과 아브람의 만남의 사건을 방해하기 때문에, 후대의 첨가라고 제안한다.[43] 피츠마이어는 멜기

---

42) J. A. Fitzmyer "Melchizedek in the MT, LXX, and the NT," *Biblica* 81 (2000): 63-69.

세덱이 그리스도의 유형(thpe of Christ)이 되고 그리스도는 멜기세덱의 대형(antitype)이 됨을 지적한다.[44] 피츠마이어의 연구는 최근의 것임에도 불구하고, 그나지 큰 반향을 일으키지 못했다. 우월한 멜기세덱의 제사장직에 관한 연구가 이미 많이 시도되었기 때문이고 멜기세덱이 지상적인 대제사장직을 수행했음을 그가 간과했기 때문이다. 멜기세덱 확실히 지상에서, 제사장으로 아브라함을 축복한다(창 14:17-20).

히브리서의 대제사장 기독론에 대한 2000년대의 연구로는, 예수의 "왕적 제사장직"(Royal Priest)을 강조한 루크(D. W. Rooke, 2000)의 전망을 살필 수 있다. 그는 예수의 대제사장직의 특성을 첫째 유다 지파로 나신 왕적 제사장 예수, 둘째 멜기세덱과 유사한 제사장 예수, 셋째 영원한 제사장 예수, 넷째 하나님의 맹세로 제사장이 되신 예수로 정리하였다. 루크가 줄기차게 제안하는 것은 예수의 왕적 제사장직이다. 그는 히브리서가 예수를 신성한 군주로 고양시키고 그리하여 예수를 진정한 메시야로 묘사한다고 주장한다. 그는 히브리서가 왕에 대한 관념을 표현하기 위해 많은 부분을 할애한다고 언급한다.[45] 루크의 연구가 최근의 것임에도 불구하고, 그는 멜기세덱보다 우

---

43) *Ibid.*
44) *Ibid.*, 인용은 69.
45) D. W. Rooke, "Jesus as Royal Priert: Reflection of the Interpretation of the Melchizedek Tradition in Heb 7," *Biblica* 81/1 (2000): 81-94.

월한 예수의 대제사장직의 특성을 언급하지 않고 왜 저자가 대제사장 기독론을 전개하는지, 왜 멜기세덱을 그 논의에 끌어들이는지에 대해서 조망하지 않았다. 즉 저자와 히브리서 공동체의 정황46)에 관심을 갖지 않은 것이다.

---

46) 피츠너(V. C. Pfitzner)는 히브리서가 교리와 함께 시작한 것이 아니라, 사회적 압력과 함께 시작되었다고 주장한다. V. C. Pfitzner, "The Rhetoric of Hebrews: Paradigm for Preaching", *LTJ* 27/1 (1993): 3-12. 히브리서가 교리와 함께 시작한 것이 아니라, 사회적 압력과 함께 시작되었다는 피츠너의 주장은 받아들이기 어렵다. 히브리서 저자는 사회적 압력과 새로운 기독론의 변증, 즉 교리적 변론을 포함한 여러 가지 이유로 히브리서를 저술하였다. 히브리서의 정황을 조망한 최근의 연구로는 드실바(D. A. Desilva)의 연구를 꼽을 수 있다. 드실바는 사회과학적 관점(social-scientific perspective)에서 저자의 전략을 살핀다. 의식하든 의식하지 못하든 저자가 사용하는 일련의 전략들은 그의 목표를 현실화시킨다. 이런 저자의 전략들은 다양한 형태를 지니지만, 그것들은 "사회적 책략"(social engineering)과 "종교적 정당성"(religious legitimacy)이라는 두 영역 안에서 조화된다. 사회적 책략은 히브리서 공동체가 직면한 위기인 투옥(commitment)과 관련이 있다. 이에 저자는 공동체에게 수치와 핍박, 재산몰수를 견디어 내는 것을 제안할 뿐 아니라, 행위와 사랑(6:10)을 제안한다. 무엇보다도 히브리서 저자의 전략은 고난에 대한 보상이 가까웠음을 강조하는 것이다. 종교적 정당성을 확보하기 위해 저자는 묵시적 세계관(우주적 건설)과 새로운 신정론(Theodicy)을 전개한다. D. A. Desilva, *Perseverance in Gratitude: A Socio-Rhetorical Commentary on the Epistle to the Heberews*, 35-80. 드실바는 엘리오트(J. H. Elliott)가 제시한 사회과학적 관점을 통한 신약연구에 영향을 받았다. 그는 가시적인 하부문화로써 히브리서 그룹의 생존을 위협하는 경향이 발생했음을 지적한다. 이에 대응하여, 히브리서 저자는 소종파 운동으로 사회 변두리에 있는 그 곳(히브리서 공동체의 삶의 자리)을 "하나님 사랑의 약속" 안에 있는 곳으로 표현하고, 그것을 "보다 좋은 영구한 소유", "장차 올 도성"으로 선포한다. 또한 저자는 하나님의 집과 하나님의 가정으로 히브리서 공동체의 정체성을 규정하고 이것을 구성원들이 받아들이기를 격려한다. D. A. Desilva, "The Epistle to the Hebrews in Social-Scientific Perspective," *RQ 36* (1994): 1-21. 저자의 전략(저자의 의도와 관심)과 히브리

위에서 살펴보았듯이, 히브리서의 대제사장 기독론에 관한 많은 연구가 있었지만, 멜기세덱을 사용하여 그리스도의 대제사장직을 설명하는 저자의 의도와 히브리서 공동체의 징황을 연결시키는 포괄적 연구가 많지 않았다. 따라서 본 연구는 멜기세덱을 사용하여 그리스도의 대제사장직을 설명하는 저자의 의도를 살피고, 멜기세덱의 대제사장직보다 우월한 그리스도의 대제사장직을 고찰할 것이다. 또한 멜기세덱의 대제사장직과 그리스도의 대제사장직의 차이와 유사점을 조망할 것이다. 아울러 본 연구는 사회학적 전망의 준거틀 속에서 히브리서 공동체의 정황을 분석하고 히브리서 공동체에 예수의 대제사장직이 가지는 함의를 살펴보겠다.

서 공동체의 정황(히브리서 그룹의 생존을 위협하는 경향)을 연구하려는 드실바의 시도는 히브리서 연구에 새로운 전기를 마련하였지만, 히브리서 공동체와 바리새적 유대교의 갈등, 더 나아가 히브리서 공동체와 로마제국과의 갈등을 고찰하는 데까지는 나아가지 못하였다는 한계를 지닌다.

제 2 장

히브리서 공동체의
외부정황

히브리서의 저술연대

히브리서의 저술연대에 대해서는 학자들간의 의견이 분분하다. 히브리서 저술연대를 추정함에 있어, 먼저 히브리서가 95년 이후에는 쓰여지지 않았을 것이다. 왜냐하면 95년에 쓰여진 것으로 추정되는 클레멘스 제일서신에서 히브리서를 언급하고 있기 때문이다.[1] 히브리서 수신연대 논쟁에 있어 중요한 분수령은 "예루살렘 멸망 이전에 쓰여졌는가? 아니면 예루살렘 멸망 이후에 쓰여졌는가?"의 문제이다. 일군의 학자들은 예루살렘 멸망이전설[2]을 주장하고, 또 다른 학자들은 예루살렘 멸망이후설[3]을 주장한다.

---

1) D. A. Desilva, *Perseverance in Gratitude : A Socio-Rhetorical Commentary on the Epistle to the Heberews*, 20.
2) 대표적 학자로는 브루스(F. F. Bruce), 린다스(B. Lindas), 피츠너(V. C. Pfitzner), 휴스(P. E. Hughes), 레인(W. L. Lane) 등이 있다. B. Lindas, 『히브리서의 신학』, 44; V. C. Pfitzner, 『히브리서』, 22-23; P. E. Hughes, *A Commentary on the Epistle to the Hebrews* (Grand Rapids, Michigan: Wm. B. Eerdmans Publishing Co., 1977), 292. 레인은 히브리서의 저작시기를 주후 64년 네로의 박해 때로 추정한다. W. L. Lane, "Hebrews: A Sermon in Search of a Setting," *SJT* 28/1 (1985): 13-18. 저작시기에 대한 레인의 추정은 모호하다. 왜냐하면 그가 제시한 동일한 근거로, 히브리서 저작시기를 주후 80-95년 (도미티안 황제의 박해 시기)로 추정할 수 있기 때문이다.
3) 대표적 학자로는 큄멜(Kümmel), 슈미탈(W. Schumithals), 미헬(O. Michel), 윌슨(R. M. Wilson), 키스트메이커(S. J. Kistemaker) 등이 있다. O. Michel, 『히브리서』, 75; R. M. Willson, *The Century Bible Commentary: Hebrews* (Grand Rapids, Michigan: Wm. B. Eerdmans Publishing Co., 1987), 12-15; S. J. Kistemaker, *Hebrews* (Grand Rapids: Baker Books, 1989), 16. 애트리지의 경우 특이하게 히브리서의 기록연대를 주후 60-100년으로 추정한다. H. W.

히브리서 저작연대를 추정하는데 있어서 주의 할 것은 히브리서 저자가 "현재시제"를 사용한다는 것이다. 이와 관련하여 레인(W. L. Lane)은 히브리서 저자가 자신이 성경을 암송하는 매 순간마다 하나님이 말씀하고 계신다는 주제를 놓치지 않고, 과거에 말해졌던 것이 지금도 말해지고 있다는 것을 강조하기 위해 현재시제(예를 들어 3:7; 10:5; 10:15)를 선호한다고 밝힌다.[4]

미헬의 경우, 희생제물의 봉헌을 서술하는 데 있어서 문제시되고 있는 현재형은 "법률적 현재시제"라고 제시한다. 즉 현재 시제는 성전 파괴 이후에도 여전히 남아 있었던 율법을 염두에 두고 제사와 제사법을 나타내기 위해 사용된 것이다.[5] 또한 미헬은 미쉬나와 탈무드가 거의 언제나 제사행위들을 현재시제로 기록했음을 언급한다.[6] 그의 지적대로 히브리서가 집필 된 때와 성전에서 제물이 봉헌된 때가 같았다고 생각해서는 안될 것이다. 더 나아가 미헬은 옛 계약의 율법이 율법특유의 현재형 문체로서 언급된 것은 율법이 지금 이 순간에도 극복되어져야 한다는 저자의 의도를 반영한다고 주장한다.[7] 따라서 히브리서

Attridge, *The Epistle to the Hebrews* (Philadelphia: Fortress Press, 1989), 9.
4) W. L. Lane, "Hebrews: A Sermon in Search of a Setting," *SJT* 28/1 (1985): 13-18, 인용은 15.
5) O. Michel, 『히브리서』, 62.
6) *Ibid.*
7) *Ibid.*, 393.

에 사용된 현재형들을 근거로, 히브리서의 저작시기를 예루살렘 성전제의가 진행되고 있던 때로 규정하는 것은 바람직하지 않다.

저작연대 추적을 위해서는, 저자와 독자가 모두 제 2세대의 기독교인들(2:3)이라는 점과 "때가 오래므로"(5:12)라는 진술을 살필 필요가 있다. 5:12의 "때가 오래므로"라는 표현은, 히브리서 공동체가 복음을 전해들은 시간이 오래 지났음을 의미한다. 그리고 배교에 대한 강력한 경고(2:1; 3:12; 6:4-8; 10:38-39), 믿음의 선진들이 받았던 급박한 고난에 대한 강조와 고난 감내(10:32 -38[8]) 등의 강조도 살필 필요가 있다. 이 같은 근거로 본 연구는 히브리서의 기록연대를 80~95년으로 상정하겠다.

히브리서의 기록연대를 주후 1세기 후반기로 상정할 수 있는 또 다른 증거는, 요한과 바울과 누가의 표현들을, 히브리서 저자가 인용한다는 것이다. 요한과 바울 그리고 누가의 사상과 표현들이 히브리서에서 나타나는 것을[9] 우연으로 치부하기에는

---

8) 도미티안 황제의 박해를 생각나게 한다. 도미티안 황제의 재위기간은 주후 81-96년이다.

9) 요한복음의 히브리서의 인용 가능성과 유사성에 대해, 히 9:11-4를 분석하며 케제만은 다음과 같이 주장한다. "이 점에서 높이 올리우신 것과 아버지께로 가는 것과 십자가를 향해 나아가는 것을 하나의 통일체로 요약하는 요한복음의 그리스도론과 흡사하다(예컨대 3:14; 12:23; 13:21-22)." O. Michel, 『히브리서』, 426-427. 스트레커는 히브리서 저자가 요한의 어법을 이용함을 지적한다. 그에 따르면 절대적인 "아들"(uio")이라는 표현(1:2, 8; 3:6; 5:8; 7:28)이 요한의 어휘임을 제시한다. G. Strecker, *Theology of the New Testament*, 614. 히브리

석연치 않다.

바리새 유대교와 로마 제국의 관계
: 일정기간 동안의 상대적 우호관계

이 책은 히브리서 수신연대를 예루살렘 멸망이후로 상정하
였다. 예루살렘 멸망 이후, 즉 유대-로마 전쟁이후 일정기간 동
안 바리새 유대교와 로마 제국은『상대적 우호관계』10)를 유지
했다. 쾨스터(H. Koester)는 평화를 희구한 대다수의 랍비들이
국가적 혁명에 참여하지도 동조하지도 않았음을 지적하고, 전
후 베스파시안 황제가 팔레스틴에 새롭고 온건한 바리새인들을
지도자로 세우는 일을 환영했다고 제시한다.11) 또한 바리새인

서와 바울서신(빌립보서)의 유사한 표현과 구조에 대한 연구로는, *Ibid.*, 610 참
조. 반호예는 히브리서 저자와 사도 바울 사이의 사상적 유사점에 대해 다음과
언급한다. Ⓐ 율법에 대한 강한 반막 Ⓑ 그리스도의 순종에 대한 강조 Ⓒ 그리
스도의 신적 영광 표현 Ⓓ 그리스도의 성육신에 대한 가르침(엡 5:2, 25; 갈
2:20에서 이미 보여지는) Ⓔ 신약에서 오직 히브리서와 바울서신에서 발견되는
65개의 단어 Ⓕ 히브리서 마지막에 바울의 동역자 디모데 언급 Ⓖ 히브리서의
마지막 언급이 바울 서신의 형식과 유사함(13:25과 살전 5:28; 롬 4:18; 딛
3:15). A. Vanhoye, *Structure and Message of the Epistle to the Hebrews*, 4.
10) 여기서『상대적 우호관계』의 의미는, "바리새 유대교와 로마 제국의 관계"가
    "히브리서 공동체와 로마 제국의 관계"보다 상대적으로 더 우호적이라는 것을
    의미한다.
11) "예를 들어 힐렐학파, 요하난 벤 자카이를 들 수 있다." H. Koester,『신약성서
    배경연구』, 이억부 번역 (서울: 은성, 1996), 333. 여기서 힐렐 학파와 샴마이
    학파에 대해 생각해보자. 샴마이 학파에 비해 힐렐 학파는 대중성을 확보하고

들의 태도에 대한 코헨의 연구에 따르면, 랍비들은 유대인들이 무장 봉기를 한다고 해서 이방인 통치자들의 압제로부터 자유로워질 것이라고 생각하지 않았고, 그들은 하나님으로부터 도래하는 나라를 기다리며 현실 생활의 평화를 위하여 기도하였다.[12] 코헨은 주후 66-70년 전쟁에 대한 랍비들의 묘사는 사악한 죄인들의 봉기라는 평가가 주된 내용을 차지하고 있음을 지적하고, 만일 적들이 하나님으로부터 위임을 받은 자들이고 유대인 봉기자들이 죄인들이라면 적과의 연합은 죄가 아니라고 생각하고 베스파시안 장군에게 인사하러 뛰쳐나간 요하난 벤 자카이를 언급한다.[13] 코헨의 지적을 통해, 바리새 유대교의 평화추구와 로마와의 연합추구를 고찰할 수 있다. 바리새그룹을

있었다. 바리새적 유대교에 심대한 영향을 끼친 요하난 벤 자카이와 가말리엘 2세 모두 힐렐 학파의 계승자들이었다.

12) S. J. D. Cohen, *From the Maccabees to the Mishnah*, 216. 살다리니((A. J. Saldarini))는 유대-로마 전쟁 이전의 바리새인들을 추적한다. 살다리니에 따르면, 바리새인들은 직접적인 권력을 가지지 못한 학식을 가진 조직체였고, (사회적인 위치로 볼 때) 소작농들이나 기타 하급계층보다는 상류계층 이였으나 지배계급과 통치자들에 의존하는 가신계급이었다. 그들은 지배층의 학식 있는 부하들로, 기회를 이용하여 사회에 대한 권력을 추구하였다. 그들의 지위는 세습적인 혹은 전통적인 지도자들(제사장들, 마을의 연장자 등)처럼 안정적인 것이 아니었다. A. J. Saldarini, "The Sadducees and Jewish Leadership," in *Pharisees, Scribes, and Sadducees in Palestinian Society: A Sociological Approach*, 298-308 참고.

13) *Ibid.*, 유대-로마 전쟁이후, 요하난 벤 자카이에 의해 새롭고 온건한 유대교가 재건된다. 이에 대해서는, J. Neusner, "The Pharisees in History," in *From Politicd to Piety: The Emergence of Pharisaic Judaism*, 144-145; H. Koester, 『신약성서배경연구』, 651 참고.

이끌었던 요하난 벤 자카이는 로마에 대항한 전쟁에 반대했고, 그의 뒤를 이은 가말리엘 2세 또한 바흐 코흐바 폭동에 반대했다.

뉴스너(J. Neusner) 또한, 바리새 유대교의 계속적인 평화 추구를 지적한다. 그는 바리새인들이 유대인들과 다른 민족간의 관계를 조종할 로마의 통치를 인정하고, 세계적 평화를 획득한 제국의 체제 안에서 팔레스틴을 포함시키는 것을 받아들일 준비가 되어있음을 언급한다.[14] 더 나아가, 전쟁이후 바리새 유대교와 로마 제국, 그리고 기독교의 관계에 대해서 뉴스너는 다음과 같이 언급한다.

> 로마인들은 유대교를 금지하고자 하지 않았다. 고대 종교 가운데 로마에 의해 끊임없이 박해의 대상이 되었던 것은 유대교가 아니라 기독교였다.... 만일 유대교가 문제를 일으켜서 로마가 유대교를 근절시키려 했다면 로마는 유대교를 완전히 멸종시켰을 것이다. 그러나 살아남은 유대교는 파괴가 아닌 평화를 위한 힘이 되었으며, 지속적인 로마의 중심적인 기구가 되었다.[15]

---

14) J. Neusner, "The Pharisees in History," in *From Politicd to Piety: The Emergence of Pharisaic Judaism*, 144-145. 주후 70년 이후에 로마인들은 바리새인들에게 정치의 장에 다시 참여할 수 있는 기회를 주었다. 폼페이(Pompey)가 나라의 통치권을 요구했던 것처럼 유대인들도 스스로 나라를 다스릴 수 있는 있다는 것에 바리새인들과 로마인들은 동의하게 되었다. 바리새파는 나라의 평화를 지켜야 했다. 그리고 로마인들은 바리새파에 중요한 내부의 문제들을 위임해야 했다. *Ibid.*, 146-147.

15) *Ibid.*, 151.

뉴스너는 전후 일정기간 유지된 바리새 유대교와 로마 제
국의 "상대적 우호관계"를 적절하게 통찰하였다. 이런 뉴스너의
견해를 통해, 전후 일정기간 동안 유대교가 로마 제국의 박해의
대상이 아니라 협력의 대상이었음을 알 수 있다.

　　일정기간 동안 유지된『상대적 우호』를 추정하게 하는 또
다른 단서로 로마 제국이 바리새 유대교에 황제숭배를 강요하
지 않았음을 들 수 있다. 로제는 유대인들이 훌륭한 종교를 가
진 오랜 민족이었기 때문에 로마 제국이 그들에 대해 군주 숭배
에 참여하도록 강요하지 않았고 그 대신 유대 전쟁이 일어나기
전까지 매일 성전에서 황제를 위한 제물을 드렸음을 지적한
다.[16] 또한 그는 유대 전쟁 이후에도 유대인들에게 허락했던 법
규가 그대로 유효했음을 제시한다.[17]

　　보라이케(B. I. Reicke)는 과거와 마찬가지로 전후 유대교
에게 원칙적으로 결사의 자유와 종교의 자유가 허용되었음을
설명한다.[18] 보라이케의 진술에 따르면, 유대인은 동방에서 일
반화된 황제의 초상조차 강요받지 않았다. 물론 유대인들은 까
삐똘 신전에 세금을 바치고 있었다.[19]

---

16) E. Lohse,『신약성서 배경사』, 260.
17) Ibid.
18) B. I. Reicke,『신약성서시대사』번역실 역 (병천: 한국신학연구소, 1986),
　　301-302.
19) Ibid.

위의 논의들을 통해, 바리새 유대교와 로마 제국의 『상대적 우호관계』가 일정기간동안 성립된 정황을 추적할 수 있다. 바리새 유대교와 로마 제국의 상대적 우호관계는 히브리서 공동체에게는 "이중의 압박"으로 작용한다. 왜냐하면 바리새 유대교가 적대시하는 히브리서 공동체는 로마 제국의 혐오를 받게 되기 때문이다. 따라서 히브리서 공동체는 바리새 유대교의 "적대적 박해"와 로마 제국의 "혐오적 박해"[20]라는 『이중 박해』에 직면하게 된다. 바리새 유대교는 적대적 박해 외에 신학공격까지 히브리서 공동체에게 가한다.

이런 이중 압박의 정황 가운데, 일부 히브리서 공동체의 구성원들은 이중 박해를 피하기 위해 히브리서 공동체를 이탈[21] 한다. 이들은 "유대교로 재전향"을 시도함으로 혹은 "로마 제국의 보호"아래 들어가 안녕을 보장받으려고 하는 것이다. 이미 이탈자(배교자)가 발생한 정황에서, 이탈자들의 영향을 받은 이탈시도자들이 나타난다.

---

20) 성만찬과 황제숭배에 대한 거부 등과 같은 이유로 초대 그리스도교 공동체는 로마 제국으로부터 오해와 의심을 받았다. 로마 제국은 초대 기독교의 교리를 야만적인 교리로 생각하였다. 이에 대해서는 제2장에 있는 로마제국의 박해를 참조하라.
21) 이탈을 시도하는 이유와 이탈자들의 형태에 대해서는 제4장에서 논의하겠다.

1. 바리새 유대교의 박해

성전의 멸망으로 성전 제사 제도는 없어지고 제사장 계급은 몰락하게 되었다. 열심당[22], 사두개파, 에세네파[23] 등 성전을 중심으로 하는 유대교 분파[24]는 사라지고, 율법을 중심으로

---

22) 헹엘(M. Hengel)은 유대-로마 전쟁 주동자들의 다양한 이름들을 고찰한다. 그의 연구에 따르면, 요세푸스는 유대전쟁 발발에 책임이 있는 사람들로 λησταί를 지목하고 소요에 있어 극단적인 그룹을 λησταί로 부른다. 요세푸스는 젤롯당에 대해 λησταί라고 부른다. 헹엘은 요세푸스가 로마입장에서 젤롯당을 격하시키기 위해 이 용어를 사용했다고 제시한다. M. Hengel, "Ⅱ. The Various Names given to the Jewish Freedom Movement," in *The Zealots. Investigation into the Jewish Freedom Movement in the Period from Herod Ⅰ until 70 A.D.* (Edinburgh: T & T Clark, 1989), 24-53 참조. 헹엘은 요세푸스의 작품에서 나타나는 가장 실질적인 내용인 유대 해방 운동의 구성원들의 이름이 ζηλωτης임을 지적한다. *Ibid.*, 53. 특별히 젤롯 그룹이 다윗 메시아주의에 영향을 받았음은 의미심장하다. 마르쿠스(J. Marcus)의 지적대로, 유대혁명의 에너지를 제공하는데 있어 메시아적 기대는 중요한 역할을 했고, 메시야 주의는 다윗적 상상에 의한 군사적 민족주의로 파악될 수 있다. J. Marcus, "The Jewish War and The Sitz Im Leben of Mark," *JBL* 111/3 (1992): 441-462, 특히 456-460.

23) 하스모니아 왕가가 사독 계열도 아닌데 요나단 마카비우스(주전 160-143)를 대제사장으로 임명한 것에 반발하여 광야로 나간다. 그들은 오염된 땅, 부도덕한 제사장, 비율법적인 전례용 달력 등을 이유로 예루살렘 성전을 거부했다. 폼페이 장군의 지성소 침입(주후 63년) 이후 로마에 대한 태도가 적대적으로 변했으며, 주후 68년 쿰란은 로마 군인들에 의해 정복당한다. 이에 대해서는, E. Schürer, "The Essenes," *The History of the Jewish People*, vol. Ⅱ, rev. ed. G. Vermes and F. Millar (Edinburgh: T & T Clark, 1993), 575-590. 에세네파에 대한 자세한 연구는 다음을 참조하라. J. Maier, "Theories of Qumran," in: J. Neusner/A. Avery-Peck (eds.) *Judaism in Late Antiquity* (Leiden; New York: E. J. Brill, 1999), 82-98; A. I. Baumgarten "The Current State of Qumran Studies: Crisis in the Scrollery. A Dying Consensus," *Ibid.*, 99-122.

24) 주후 70년 이전 다양한 유대교의 분파들(복수의 유대교)을 이 책은 가정한다.

하는 바리새 유대교가 등장하게 된다. 유대인들은 성전중심에서 회당중심으로, 제사장중심에서 랍비중심으로 그들의 신앙의 형태를 바꾸어야 했다.

히브리서 공동체는 바리새 유대교와 갈등 관계에 있었다.

샌더스(E. P. Sanders)는 주후 70년 이전의 팔레스틴 유대교는 통일된 하나의 유대교가 아니었고, 주후 70년 예루살렘 성전의 멸망 이후 바리새적 유대교 종파가 정통 유대교로 태어나기 전까지 많은 유대교 종파들이 팔레스틴에는 존재했다고 주장한다. 또한 샌더스는 이러한 많은 유대교 종파들 사이에는 언약율법주의라는 일치성이 존재했다고 주장한다. E. P. Sanders, "Palestinian Judaism 200 b.c.e - 200 c.e.," In: ders., *Paul and Palestine Judaism* (London: A Comparison of Patterns of Religion, 1977), 419-428. 샌더스에 따르면 언약율법주의 형태 혹은 구조는 다음과 같다. (1) 하나님은 이스라엘을 선택했고 (2) 율법을 수여하였다. 그 율법은 (3) 선택을 유지하는 하나님의 약속과 (4) 순종에의 요구, 두 가지 의미를 함축한다. (5) 하나님은 순종하는 자에게 보상하고 위반하는 자를 징벌한다. (6) 그 율법은 속죄의 수단을 제공하고 (7) 속죄는 계약적 관계의 재설정 혹은 유지를 가져온다. (8) 순종과 속죄, 그리고 하나님의 자비에 의해 계약 안에 거하는 모든 사람들은 구원받을 그룹에 속한다. 첫 번째 것과 마지막 것의 중요한 해석은 선택과 궁극적인 구원은 인간의 성취보다는 하나님의 은혜로 이루어진다고 간주하는 것이다. *Ibid.*, 423-424. 샌더스의 주장이 팔레스틴 유대교에 대해 좋은 통찰을 주었지만, 샌더스에 대한 뉴스너의 비판을 간과해서는 안 된다. "샌더스가 종교의 패턴들을 비교했다 하나 그가 실제로 한 것은 종교의 '구속론적' 패턴들이라는 측면으로 제한되었기 때문이다." 서중석, 『바울서신 해석』, 94. 코헨(S. J. D. Cohen)은 다양한 유대교의 분파에 대해 다음과 같이 지적한다. "1세기의 유대교는 다양한 분파를 가지고 있었다. 바리새파, 사두개파, 에세네파, 쿰란의 유대인들, 젤롯당원들, 시카리, 제4철학, 기독교인들, 사마리아인들, 치유파 및 기타 등등. 그러나 70년 이후 유대교의 분파들은 사라지게 된다.... 제 2성전기에 랍비와 교부들로 불렸던 그룹들을 제외하고 나머지 분파들은 자연히 역사의 뒤안길로 사라지게 되었다." S. J. D. Cohen, *From the Maccabees to the Mishnah* (Philadelphia: The Westminster Press, 1987), 224.

바리새 유대교와 갈등 관계에 있었다는 것은 히브리서 공동체의 삶의 자리에 회당이 존재했음을 의미한다. 그러나 히브리서 공동체는 회당밖에 존재하는 공농체였다. 그들은 이미 신앙을 결단하고 회당을 떠난 사람들이었다. 이미 미헬의 지적[25]대로 히브리서 공동체는 회당과 결별한 공동체였지만, 얌니아 종교 회의를 통해 박해가 멸망 전보다 가중되어졌다. 또한 그들은 유대인 선교의 어려움에 직면하게 되었다. 바리새 유대교는 자신들의 『정통성』을 주장하며, 히브리서 공동체의 이단성을 내세운다. 바리새 유대교는 율법의 정통성으로 히브리서 공동체를 공격하고 있다.

성전의 파괴와 함께 사두개그룹[26]과 사제그룹은 몰락한다.

---

25) "유대인 회당과 그 회당의 예배형태 및 사회적 형태와 궁극적으로 결별하는 것이 그들의 당면한 운명이었을 것이다." O. Michel, 『히브리서』, 68.
26) 샌더스(E. P. Sanders)는 예루살렘 멸망 전까지 유대교를 이끈(lead) 그룹으로 제사장 그룹인 사두개파를 상정한다. 이에 대해서는 E. P. Sanders, "Who Ran What?," In *Judaism: Practice and Belief 63 BCE-66CE*, 458-490 참조. 그에 따르면, 제사장이 중심이 된 귀족정치가 이루어졌고 일반적 유대인들을 이끈 것은 바리새인이 아니라, 사두개 그룹인 제사장들이었다. *Ibid.* 살다리니 또한 "사회적 정치적인 복잡 미묘한 상황에서 통치그룹의 대부분은 사두개인들"이라고 강조한다. A. J. Saldarini, "The Sadducees and Jewish Leadership," in *Pharisees, Scribes, and Sadducees in Palestinian Society: A Sociological Approach*, 298-308. 인용은 308. 래시(D. R. Lacey)는 그의 연구에서 바리새인은 단지 평신도 그룹이었고 제사장처럼(as if) 정결함을 가지려고 노력했다는 뉴스너의 주장을 재확인한다. D. R. Lacey, "In Search of a Pharisees," *TB* 43 (1992): 353-372. 이 같은 연구를 통해, 바리새인들보다 사두개인들이 확실하게 주도권을 가지고 있었음을 유추할 수 있다. 포튼(G. G. A. Porton) 따르면 사두개인들의 가르침은 바리새인들과 달랐고 매우 고대적인 것이었다. 현대의

그들에게 있어 성전은 거시적 물적 토대(하부구조)였으며 존립 기반이었다. 제 2성전기의 유대교는 성전의 파괴로 그들의 기반을 상실하였다.

코헨(S. J. D. Cohen)은 성전파괴 후 랍비들과 귀족계급, 그리고 사제계급간 주도권 다툼이 있었고, 바리새인들이 학교와 회당을 다스리고 대중들의 무관심을 극복하며 7세기 이후에야 비로소 유대교의 주도권을 잡았다고 주장한다.[27] 이 같은 코헨의 주장은 받아들이기 어렵다. 그의 희망과는 달리, 바리새 그룹은 7세기까지 기다릴 필요도 없이 곧바로 유대교의 주도권을 확보하였다. 성전의 멸망과 함께 사두개그룹과 사제그룹은 몰락했다. 이들이 근거로 하는 물적 토대(하부구조)가 무너졌기 때문이다.

예루살렘 멸망이후 성전을 대체할 "물적 토대"와 "정신적 토대"가 유대교에게는 절실하게 요구되었다. 이 때 "회당"과 "율법"이 당연하게 부각된다. 아니 유대교에 남은 것은 "회당"과 "율법"[28]밖에 없었다. 또한 이 율법을 해석할 집단은 오직 "바리

많은 학자들(Stern, Mansoor, Kohler)이 사두개인의 명칭이 다윗과 솔로몬 시대의 대제사장이었던 사독(Zadok)의 이름과 연관시킨다. 이에 대해서는 G. G. A. Porton, "The Sadducess," *ABD*, vol. V, ed. D. N. Freedman (New York · London · Tronto · Auckland: Doubleday, 1992): 892-895. 참조.

27) S. J. D. Cohen, *From the Maccabees to the Mishna*, 221.

28) 이에 대해 쉬러는 다음과 같이 설명한다. "유대인의 권위는 더 이상 존재하지 않았다. 백성들에게 남은 유일한 중심은 토라뿐이었다. 그들은 이제 열정적이

새그룹"[29]밖에 없었다. 다시 말해 유대민족 전부를 아우르고 이끌 것은 율법밖에 없었고, 이것을 바리새인은 해석할 수 있었다. 따라서 70년 대피국 이후, 유대교를 주도하는 세력으로 바리새그룹이 등장한 것은 당연한 논리적 귀결이다. 따라서 바리새그룹이 7세기 이후에야 유대교의 주도권을 확보했다는 코헨의 주장은 설득력을 확보할 수 없다.

쾨스터는 바리새 유대교가 율법의 엄격한 준수만이 회복을 가져올 수 있고, 예루살렘 멸망의 재앙을 초래한 원인이 율법을 무시한 데 있다고 주장했음을 지적한다.[30] 바리새 유대교에게 있어 율법은 마지막 남은 유대민족의 깃발이었다. 이런 바리새 유대교는, 율법의 폐기(7:18-19; 10:8-9)를 주장하는 히브리서

고 세심한 충성으로 정치적 공동체와 실제 세상 자체 안에서 토라가 구체적인 효력을 얻고 사용될 것이라는 확고한 소망을 가지고 토라 곁으로 왔다." E. Schürer, "The Great War with Rome A.D. 66-74," *The History of the Jewish People*, vol. I, 485-513, 인용은 513.

29) 바리새그룹의 "율법에 대한 열심"은 다음을 참조하라. J. Neusner, "The Pharisees in History," in *From Politicd to Piety: The Emergence of Pharisaic Judaism*, 143-154; A. J. Saldarini, "he Place of the Pharisees in Jewish Society," in *Pharisees, Scribes, and Sadducees in Palestinian Society: A Sociological Approach*, 277-297; D. R. Lacey, "In Search of a Pharisees," *TB* 43 (1992): 353-372.

30) "유대 전쟁 이후 유대교가 새로이 시작된 것은 예루살렘의 힐렐 학파의 지도자이면서 힐렐의 지도자였던 시므온 벤 가말리엘의 동료 요하난 벤 자카이 덕분이었다.... 요하난은 율법을 엄격하게 지키는 것만이 회복을 가져올 수 있다고 하였는데, 그 이유는 이 재앙을 초래한 원인은 율법을 무시한데 있다고 생각했기 때문이다." H. Koester, 『신약성서배경연구』, 651.

공동체를 절대 용납할 수 없었다. 히브리서 공동체는 기독교 공동체로서, 그 지역에 있는 유대교 회당[31]과의 갈등을 피할 수 없었다. 이런 정황을 7:19a 저자의 진술에서 추적할 수 있다.

그러므로(γὰρ)[32] 그 율법(ὁ νόμος)은 아무 것도 완전하게 하지 못했습니다.

---

31) 쉬러에 따르면, 회당(προσευκαι)을 언급하는 가장 오래된 Greco-Jewish 문서는 프톨레미 Ⅲ(BC 247-21)의 시대로 추정되고, 구약성서에서 그것들은 시편 74:8에서 מועדי־אל의 이름으로 처음 나타난다. 쉬러는 회당의 기원이 에스라 시대로 거슬러 가거나 바벨론 포로시대로 거슬러 간다고 주장한다. 또한 그는 "안식일에 회당에서의 가르침"은 예수의 시대까지 있었음을 밝히고, 후기 성서적(post-biblical) 유대교가 회당을 종교적인 제도의 기본으로 삼았음을 제시한다. E. Schürer, "Synagogue," in *The History of Jewish People*, vol. Ⅱ, 423-454, 인용은 424-427. 키이는 팔레스틴 안에 있었던 회당의 고고학적 증거와 디아스포라에 있었던 회당에 관한 고고학적인 증거를 제시한다. 이에 대해서는 H. C. Kee, "The Transformation of the Synagogue after 70 C.E.: Its Import for Early Christianity," *NTS* 36 (1990): 1-24. 이 같은 연구를 통해, 주후 1세기 기독교 공동체의 삶의 자리에 회당이 건재했음을 알 수 있고, 또한 기독교 공동체와 회당간의 갈등도 쉽게 유추할 수 있다. 마태복음은 교회 (18:17)라는 단어를 사용하여 교회와 회당을 분리시키고, 요한복음의 경우 회당과의 갈등이 묘사된다.
32) 프리딕(K. H. Pridik)에 따르면, γὰρ가 가장 일반적인 접속사로 히브리서에서 4번 사용되었다. 또한 그는 γὰρ가 일반적으로 두 문장 사이의 인과관계를 나타내며, 그러므로(therefore), 따라서(thus), 그래서(so) 등으로 번역될 수 있다고 제시한다. K. H. Pridik, "γὰρ," in *EDNT*, vol. Ⅰ, ed. H. Balz and G. Schneider (Michigan: W. B. Eerdmans Publishing, 1993), 238-239. 따라서 히브리서 저자가 7:18절(이전 계명의 연약함과 무익함으로 인한 폐기)의 연장선상에서 율법의 무용성을 주장하고 있음을 알 수 있다.

19절에서 히브리서 저자는 "그(ὁ) 율법의 무용성"을 선포하고 있다. 율법의 무용성을 강조한다는 것은 "율법의 유용성"을 주장하는 세력이나 사람들이 있음을 전제한다. 저자의 이런 언급을 통하여 바리새 유대교가 율법의 유용성을 히브리서 공동체에게 강요하고 있음을 짐작할 수 있다. 10:8에서도 바리새 유대교의 신학공격의 흔적을 찾을 수 있다.

> 그는 위에서 "당신은 제물들과 예물들 그리고 번제들과 죄에 관련된 제물들을 원하시지 않았고 율법에 따라 드리는 그것들을 마음에 들어하시지 않았습니다."고 말씀하신 것입니다.[33]

8절을 통해 "율법에 따라 드리는 그것들"을 강조하는 외부의 유대교 세력이 존재함을 살필 수 있다. 그러나 여기서 한 가지 의문이 생긴다. "예루살렘성전 멸망으로 정기적이고 공식적인 제사를 지낼 수 없게 되었다. 그러면 왜 유대교는 - 율법에 따라 - 제사 드리는 것(제사와 예물, 번제, 속죄제)을 강조하는

---

33) 율법을 따라 드리는 여러 가지 제물이 모두 복수로 표현되고 있다. 특히 10:5-10에서 인용하고 있는 구약원문 시40:6-8(MT, LXX)에서는 단수였으나, 히브리서 저자는 복수로 표현하고 있다. 이에 대해서는 다음을 참고하라. 전경연, 『히브리서 주석과 신학』(서울: 대한기독교서회, 2000), 306; O. Michel, 『히브리서』, 306. 개역성경 10:9의 "제사와 예물과 전체로 번제함과 속죄제"라는 단수 표현은 적절치 않다. 8절에서 저자는 제물들이 아무리 수가 많아도 효력이 없고, 불완전하며, 하나님이 기뻐하지 않으신다는 것을 강조하고 있다.

것일까?"

여기서 기억해야 할 것은, 성전 멸망이후에도 사적이고 비공식적인 제사는 드려졌고, 유대인들은 여전히 "마땅히 제사는 드려야 한다"는 제의적 사고를 가지고 있었다는 것이다.[34] 또 한가지 기억해야 할 것은 제의의 상위개념에 "율법"이 존재한다는 것이다.

8절을 통해, 바리새 유대교가 히브리서 공동체의 율법에 따르지 않는 제의를 비판하고 있음을 추정할 수 있다. 바리새 유대교가 보기에, 히브리서 공동체가 주장하는 제의는 "율법을 따르지 않는 제의"이기에 정당하지 못한 제의였다. 그들에게 있어서, 히브리서 공동체가 주장하는 "대제사장과 제물 되신 예수"(율법이 제사장으로 정한 아론계열이 아닌 유다계열)와 "단번에[35](7:27; 9:12; 10:10) 드린 제사의 영원한 효력"(제사의 유일회성, 효력의 영원성)은 용납할 수 없는 것이었다. 바리새 유대교가 대제사장직에서 중시하는 것은 바로 "혈통과 율법"이다.

---

34) 이에 관해서는, 일군의 학자들의 주장을 참조하라. H. W. Montefiore, *A Commentary on the Epistle to the Hebrews* (Rome: Editrice Pontificio Istituto Biblico, 1989), 244; O. Michel, 『히브리서』, 78-79. 멸망이후에도 유지되었던 유대인들의 제의적 사고에 대해서는, 이 책의 4장에서 자세히 언급하겠다.

35) 신약에서 ἐφάπαξ은 히브리서에서 가장 많이 사용되었다. 신약에서 ἐφάπαξ은 5번 사용되었는데, 그 중 3번이 히브리서에서 사용되었다. H. Balz and G. Schneider, "ἐφάπαξ," in *EDNT*, vol. Ⅱ, 91-92. 히브리서에서 "ἐφάπαξ"(단 한 번) 표현은 오직 예수 그리스도에게만 부가된다. 이를 예수의 독특성을 강조하려는 저자의 의도로 살필 수 있다.

예수는 이 조건을 어느 것도 충족시키지 못한다. "예수 그리스도(메시야)의 대제사장직과 속죄제의"가 "혈통과 율법"에 근거하지 않는다고, 저들은 히브리서 공동체에게 논박하고 있다. "율법에 따라 드리는 정당한 제의"를 앞세운 바리새 유대교는 히브리서 공동체가 정통성이 없는 이단으로 규정짓고 히브리서 내부의 믿음이 약한 자들을 배교 하도록 유혹하였을 것이다. 이런 바리새 유대교의 신학공격은 히브리서 공동체에게 상당히 심각한 영향36)을 미쳤음을 추정할 수 있다.

제의 자체에 대한 것뿐만 아니라, "율법의 다른 규례들"(육의 규례들)을 바리새 유대교가 강조하고 있음 9:10을 통해 추정할 수 있다.

> 그것은 다만 음식들과 마실 것들과 여러 가지 씻는 행위들에 대한 것이며 개혁의 때까지만 강요되는 육의 규례들입니다.37)

10절을 주석 할 때는 두 가지의 해석을 고려 할 수 있다.

---

36) 배교자들이 발생하고 있는 정황을 염두에 두라(2:1; 3:12; 6:4-8). 특별히 히브리서 공동체 안에는 보수적 친유대주의 그룹이 존재했음도 간과할 수 없다. 본 논문에서는 그리스도교로 개종한 "사제그룹"이 있음을 전제한다. 이에 대해서는 뒤에서 자세히 논하겠다.
37) 개역성경의 단수표현 "먹고"(βρώμασιν), "마시는 것"(πόμασιν), "여러 가지 씻는 것"(διαφόροις βαπτισμοῖς), "육체의 예법"(δικαιώματα σαρκὸς)은 오역이다. 복수형으로 번역해야 한다.

첫째 음식들과 마실 것들과 여러 가지 씻는 행위들을 "제사"와 관련하여 해석하는 것이다. 음식들과 마실 것들과 여러 가지 씻는 행위들에 대한 규례를 지킴으로 제사장은 부정함을 피할 수 있다.

둘째 "제사"와 더불어 "육의 규례들"에 중점을 두어 해석하는 것이다. 몬테피오레는 음식들과 마실 것들과 여러 가지 씻는 행위들에 대한 법률들이 모두 육과 관련되어 있는 규정이라고 지적한다.[38] 미헬은 제물과 예물 그리고 먹는 것, 마시는 것, 씻는 것과 관련되는 계명들과 금령들은 궁극적으로 언제나 육과 관련되고 육에 의해 한계 지워지는 행위들이요 규례들에 불과하다고 주장한다.[39] 두 가지 해석 중 후자가 더 포괄적이므로, 본 저서는 후자의 입장에서 논지를 전개하겠다. 10절은 레 11장에 나오는 음식에 관련된 법을 상기시킨다.[40] 레 11장은 정결한 음식과 부정한 음식에 대한 정결법이 나타난다. 10절의 "씻는 것"에 대해, 윌슨(R. M. Wilson)은 대속죄일의 의식 전후에 대제사장이 목욕을 한 규례를, 그리고 더 나아가 부정한 사람이나

---

38) H. W. Montefiore, *The Epistle to the Hebrews*, 150.

39) O. Michel, 『히브리서』, 425.

40) 이에 대해서는, V. C. Pfitzner, 『히브리서』, 168; F. F. Bruce, 『히브리서』 이장림 역 (서울: 생명의 말씀사, 1986 [F. F. Bruce, *The International Commentary on the New Testament: Hebrews*, Grand Rapids, Michigan: Wm. B. Eerdmans Publishing Co., 1964]), 286; H. W. Montefiore, *The Epistle to the Hebrews*, 150 참고.

사물로부터 온 불결을 정결케 하기 위한 씻는 규례들을 의미한다고 제시한다.[41] 피츠너는 10절에서 히브리서 독자들이 빠질 수 있는 위험이 암시되어 있다고 주장한다.[42] 즉 히브리서 독자들은 정결한 음식과 부정한 음식에 관한 율법을 다시 받아들이라고 하는 바리새 유대교의 유혹에 직면해 있다. 이에 대응하여 히브리서 저자는 "육의 규례들"에 대해 부정적으로 진술한다.

위의 논의들을 살펴본 결과, 바리새 유대교가 음식들과 마실 것들과 여러 가지 씻는 행위들에 관한 "육의 규례"(예법)와 "정결법"을 지켜야 한다고 히브리서 공동체에게 압박하는 정황을 추적할 수 있다.

2. 로마 제국의 박해

히브리서 공동체의 삶의 정황을 파악하기 위해서는, 바리새 유대교의 박해와 신학공격뿐만 아니라 로마의 박해[43]까지도

---

41) R. M. Wilson, *The Century Bible Commentary: Hebrews* (Grand Rapids, Michigan: Wm. B. Eerdmans Publishing Co., 1987), 148.
42) V. C. Pfitzner, 『히브리서』, 168.
43) 유대교에 호의적인 로마 제국이, 로마 평화의 중심적 기구가 되어 가는 회당에서 가르치는 것과 반목하여 제국을 위협할지 모르는 신학을 가지고 있는 기독교를 좋게 인식했을 리가 만무하다. 보라이케는 유대교인들이 특권을 누리고 있는 반면, 그리스도인들은 국가종교법과 결사금지법에 의해 괴로움을 당했을 것이라고 지적한다. B. I. Reicke, 『신약성서시대사』, 311.

고려해야 한다. 히브리서 공동체를 위협하는 또 다른 세력에 대한 단서로 10:32-34단락을 제시할 수 있다.

> 그러나 여러분이 빛을 받은 후 고난의 많은 싸움을 견디어 냈던 전날들을 기억하십시오. 한편으로 여러분은 비난과 고난으로 구경거리(θεατριζόμενοι)가 되었거나, 다른 한편으로 그렇게 사는 자들의 친구가 되었습니다. 여러분들은 매인 자들을 동정하였고, 여러분들이 가진 더 좋은(κρείττονα)[44] 영원한 소유를 알기 때문에, 여러분의 속한 재산을 강탈당하는 것을 기쁨으로 받아들였습니다.

애트리지(H. W. Attridge)는 "공공의 구경거리가 되는 것"(made a public spectacle, θεατριζόμενοι)이라는 용어가 타키투스의 네로의 박해(주후 64)에 대한 기록을 연상케 한다고 주장한다.[45] 그에 따르면 충실한 그리스도인 중 일부는 대중의 즐거움을 위해 고문당하거나 혹은 밤에 원형경기장을 밝히기 위해 횃불로 사용되었다.[46] 애트리지의 주장은 지나친 확대해석이라는 비판을 받을 수 있다. 애트리지와는 달리, 브루스(F. F. Bruce)는 12:4을 근거로 히브리서 공동체가 아직 유혈사태를 경

---

44) κρείσσων은 "보다 좋은", "보다 탁월한", "보다 진보적인"이라는 의미를 가진다. κρείσσων은 신약성경에서 αψαθας(선한, 착한, 유익한)의 대응물로 사용되었다. κρείσσων은 인물(1:4; 7:7)이나 사물의 뛰어남(7:19, 22; 8:6; 9:23; 10:34; 11:16-35)을 묘사하는데 사용되었다. H. Balz and G. Schneider, "κρείσσων," in *EDNT*, vol. Ⅱ, 316. 따라서 이 표현은 이 세상을 능가하는 것을 의미한다.
45) H. W. Attridge, *The Epistle to the Hebrews*, 298.
46) *Ibid.*

험하지 않았다고 가정하고, 10:32-34이 네로 황제의 박해(주후 64)를 언급하는 것이 아니라, 클라우디우스 황제의 유대인 추방령(주후 49)을 반영하고 있다고 주장한다.[47] 이 같은 브루스의 주장은 여러 가지로 오류를 범하고 있다. 그의 주장을 따르면 네로 황제의 박해(주후 64)이전에는 피 흘리는 박해가 일어나지 않은 것이 된다. 그러나 네로 황제의 박해 이전에는 물론 클라우디우스 황제의 유대인 추방령(주후 49) 이전에도 피 흘리는 순교의 자리가 있었다. 빈디쉬(H. Windisch)의 지적대로 로마는 여러 순교자를 냈다.[48] 아니 더 극단적으로 말해서, 기독교가 공식적인 박해[49]뿐만 아니라 비공식적이고 산발적인 박해를 받았을 가능성을 배제할 수 없다. 뉴스너(J. Neusner)의 지적대로 평온한 시기 동안에도 기독교에 대한 산발적인 박해가 이따금 선동에 의해 유발되었다.[50]

브루스의 주장대로 히브리서 공동체가 로마에 있고 이 구절이 클라우디우스 황제의 박해(유대인 추방령)를 나타낸다고

---

47) F. F. Bruce, 『히브리서』, 262-265.
48) O. Michel, 『히브리서』, 491.
49) 이 책에서 공식적인 박해와 비공식적 박해를 나누는 기준은 다음과 같다. 공식적 박해가 "로마 당국의 인정을 받은 합법적인 박해"라면(클라우디우스 황제의 유대인 추방령, 네로 황제의 박해, 도미티안 황제의 박해 등), 비공식적인 박해는, 로마 각 지역에서 일어난 "로마 당국의 합법적 인정과 상관없이" 이루어진 산발적인 박해이다.
50) J. Neusner, "The Pharisees in History," in *From Politicd to Piety: The Emergence of Pharisaic Judaism*, 151.

가정한다 해도, 클라우디우스 황제의 박해는 "유대인에게만" 해당된다. 히브리서 공동체 안에 유대인만 있었다고 가정하고 이것을 적용하는 것은 지나친 논리적 비약이다. 그의 가정대로 수신공동체가 로마라면, 로마에 명백히 존재한 "이방인 그리스도인들"의 문제를 어떻게 해결할 것인가? 그들은 박해에서 제외된 것인가?

모펫(J. Moffat)은 이 구절이 알렉산드리아의 반셈족운동(anti-Semitie) 운동 및 박해의 한 장면으로 해석될 수 있는 가능성을 제시한다.[51] 모펫 역시 브루스와 같은 우를 범한다. 반셈족운동의 대상자는 유대인으로 한정된다. 히브리서 수신공동체 안에 이방인 그리스도인이 존재했을 가능성을 그는 배제했다.

그렇다면, 10:32-34의 박해의 주체는 누구인가? 논의의 진전을 위해 행 8:3을 살펴보자.

> 그러나 사울이 교회를 파괴하였습니다. 그는 각 집에 들어가 남녀를 끌어다가 옥에 넘겼습니다.

이 구절은 유대교가 그리스도인들을 체포하는 박해를 가했음을 나타낸다. 그러나 유대교가 그리스도인을 체포하는 권한을 가졌다고 해서, 10:32-34에서 유대교의 박해를 추정하는 것

---

51) J. Moffatt, *The Epistle to the Hebrews* (Edinburgh: T.&T. Clark, 1986), 153-156.

은 무리이다. 왜냐하면 서중석의 지적대로 예루살렘 멸망과 함께 산헤드린은 물론 지방 공회들도 사람들을 체포하도록 명령하거나, 생사 문제 문제를 판결할 수 있는 권한을 완전히 상실하고 오직 학교와 같은 기구로 되어 버렸기 때문이다.52) 예루살렘 멸망이후 비록 비공식적인 박해를 바리새 유대교가 그리스도인들에게 가할 수는 있지만, 공식적인 박해를 가하는 것은 불가능하다. 10:32-34에는 로마에 의한 공식적인 박해의 분위기가 역력하게 표현되어 있다.53) 미헬에 따르면, 모욕(ὀνειδισμοι)과 핍박(θλίψεσιν) 때문에 신도들은 공직을 포기하였고, 그들은 구경거리(θεατριζόμενοι)가 되었다.54) 피츠너는 자신의 재산을 잃는 위험까지 감수했다면 그것은 분명 국가 권력과 관련된 박해라고 지적하고, "산업을 빼앗는 것"은 공식적인 몰수행위라고 주장한다.55) 엘링워쓰는 θεατριζόμενοι56)가 공적인 구경거리가

---

52) 서중석, 『복음서 해석』, 26-27.
53) 다음을 참고하라. H. W. Attridge, *The Epistle to the Hebrews*, 298-300; H. W. Montefiore, *The Epistle to the Hebrews* (London: A&C Black, 1964), 181-182; R. M. Wilson, *The Century Bible Commentary: Hebrews*, 197-198; V. C. Pfitzner, 『히브리서』, 206-207; F. F. Bruce, 『히브리서』, 361-366; P. Ellingworth, *The Epistle to the Hebrews: A Commentary on the Greek Text*, 545-549.
54) O. Michel, 『히브리서』, 490. 또한 미헬은 θεατριζόμενοι라는 용어가 죽음의 곤경, 죽음의 위협을 배제하지 않음을 언급한다. *Ibid.*, 491. 이 분사의 분석을 통해, 히브리서 공동체의 정황에서 피 흘리는 순교의 자리를 배제할 수 없음을 알 수 있다.
55) V. C. Pfitzner, 『히브리서』, 206.
56) 고전 4:9에서 이 용어는 죽음의 위협을 묘사하는데 사용되었다.

되는 것은 공적인 수모에 노출되는 것을 의미한다고 제시한다.[57] 이 학자 군의 주장처럼, 공직을 포기해야 할 정도의 박해라면 공적인 박해로 볼 수 있고, 또 그들의 소유를 빼앗는 (10:34) 당국의 재산몰수에서도 공적인 박해를 미루어 짐작할 수 있다. 따라서 10:32-34의 박해는 로마의 공식적 박해로 추정해야 할 것이다.

이제 로마의 박해[58]원인을 탐구해보자. 먼저 지적할 수 있는 것은 『로마의 황제숭배』, 더 정확히 말하면 "신격화를 통한 황제의 신정일치(神政一致)"에서 그 원인을 찾을 수 있다. 피어스(J. R. Fears)는 황제에 대한 숭배는 로마의 국가 제의, 도시 제의, 도시 주관의 시제의, 그리고 개인 제의 형태로까지 만연되었음을 언급한다.[59] 빈슨(R. B. Vinson) 또한 황제를 위한 신전이 아시아 속주들에 의해 충성의 표지로 건설되어졌고, 이 신전에서 황제를 위한 희생 제사가 거행되었으며, 신들의 숭배와 같은 황제 제의가 주후 1세기에 편만하게 행해졌음을 지적한다.[60] 보젠(P. Borgen)은 황제숭배의 일반적인 형태로 "Pro-

---

57) P. Ellingworth, *The Epistle to the Hebrews: A Commentary on the Greek Text*, 547.

58) 히브리서 공동체에 대한 로마의 박해는 "대칭적인 적대적 박해"가 아닌 "비대칭적인 혐오적 박해"이다. 초기 기독교 공동체에 대한 로마의 혐오의 원인으로, 성만찬에 대한 오해와 황제숭배 거부 등을 들 수 있다.

59) 김선정, 『요한복음서와 로마황제숭배』, 55에서 재인용.

60) R. B. Vinson, "The Social World of the Book of Revelation," *RE* 98/1 (2001):

skynesis 의식"과 "희생제사의식", 그리고 "황제를 찬양하는 의식"을 언급한다.[61]

존슨(D. L. Jones)에 따르면, 로마의 황제제의는 살아있거나 혹은 죽은 황제들에게 신적 영예를 돌리는 것으로 정의 내릴 수 있다.[62] 김선정은 황제 제의가 국가 종교로서 종교적인 지위를 확보하고 있었던 동시에 로마 제국을 통합시키려는 정치적인 기능을 담당했음을 명시한다.[63] 테일러(L. R. Taylor)는 신성을 드러내기 위해, 정식으로 신(divus)이라는 칭호가 황제의 이름에 부여되었음을 지적하면서, 황제들이 그들 자신의 게니우스(영)에 대한 희생제사를 시행케 했음을 언급한다.[64] 그에 따르면, 통치에 대한 숭배의 상징으로 황제의 게니우스 숭배는 중요하였고, 황제의 게니우스에 대하여 거짓 맹세를 하는 자들은 반역자들로 간주되었으며, 종교 때문에 게니우스에 대한 맹세나 희생제사를 거부한 자들은 핍박받았다.[65] 쉬러(E. Schürer)

11-31. 그러나 도미티안이 황제숭배를 거부한 그리스도인들을 핍박하지 않았다는 그의 주장은 혼란스럽다.

61) P. Borgen, "Moses, Jesus, and Roman Emperor," *NT* 38/2 (1996): 145-159. *Proskynesis*는 엎드려 절함으로 황제에게 존경과 영예를 돌리는 의식이다. *Ibid.*, 157.

62) D. L. Jones, "Roman Emperor Cult," in *ABD*, vol. V, ed. D. N. Freedman (New York · London · Toronto · Auckland: Doubleday, 1992), 806-808, 인용은 806.

63) 김선정, 『요한복음서와 로마황제숭배』, 56.

64) L. R. Taylor, *The Divinity of the Roman Emperor* (Connecticut: Scholars Press, 1931), 241.

는 황제에 대한 희생제사를 중지하는 것은 로마에 대한 공개적인 반역을 선언하는 것과 동등한 것임을 지적한다.[66] 황제 숭배는 근본적으로 신앙의 문제가 아니었고 시민들이나 군인들에게 부과되는 것과 유사한 공공질서와 규율문제, 모든 충성된 백성들이라면 열성적으로 이루어야할 경외의 의무였던 것이다. 이러한 의무를 거부하는 자는 법적인 보호나 공직 임명, 승진 기회의 박탈, 경제적인 불이익 등을 감수해야 했고, 물론 황제 숭배와 관련된 일들에 기여한 자들은 반대로 여러 가지 이익을 누렸다. 따라서 황제 숭배는 공공 생활의 모든 분야에 자연스럽게 스며들어갔고 공공 생활을 장악하게 되었다.[67] 로마의 박해를 10:32-34은 잘 설명해주고 있다.

쾨스터(H. Koester)는 황제제의가 줄리우스 케사르 때부터 시작되었을 것이라고 추정한다.[68] 쾨스터의 정리에 따르면, 마르크 안토니(Marc Amtony)는 자신을 신적인 왕으로 숭배하기

---

65) *Ibid.*
66) E. Schürer, "The Great War with Rome A.D. 66-74," *The History of the Jewish People*, vol. I, 485-513
67) 김선정, 『요한복음서와 로마황제숭배』, 57. 그랜트(R. M. Grant)의 정리에 따르면, 유대인의 사상안에서 신정(神政)은 제사장들의 통치를 뜻한다. R. M. Grant, *Early Christianity and Society: Seven Studies* (New York · Hagerstown · San Francisco · London: Harper & Row Publishers, 1977), 15-16. 그랜트의 정리를 통해, 예수의 왕적 대제사장직을 주장하는 히브리서의 사상적 배경을 짐작할 수 있다.
68) H. Koester, 『신약성서배경연구』, 593.

를 요구했으며, 전형적인 헬레니즘의 형식을 따라 자신을 특수한 신(Dionysos)과 동일시했다. 옥타비우스의 경우, 사후에 원로원에 의해서 그는 "아우구스투스 신"(God Augustus)으로 선포되어졌고, 심지어 그의 아내 리비아에게도 신적 영예가 주어졌다. 칼리굴라는 황제가 되자마자 자신을 신으로 숭배하기를 요구하고, 제국 내에 다른 신들의 신전들이 있는 곳이면 어디에나 심지어 예루살렘 성전과 유대 회당 안에까지 자기의 동상을 세우려 했다.[69] 특히 도미티안 시대에, "황제숭배"는 극에 달했다.

도미티안은 자신을 신 현현자(*deus praesens*)로 인식하도록 강제하였고 향과 기도와 맹세를 바치는 것을 포함한 황제숭배는 의무적으로 행하게 했다.[70] 이는 그리스도인들을 판별하는 수단으로 사용되어졌다.[71] 제국의 신전 비문에는 "구세주"(Savior)로 도미티안 황제를 기록하고 있다.[72] 로제에 따르면, 도미티안은 그의 명령을 신의 명령이라고 하면서, 공문서를 "우리의 주이신 신은 다음과 같이 명령하신다"라는 말로 시작하게 하였다. 그리고 그는 그에게 말을 걸거나 서신을 보내는 사람들이 모두 이러한 정중한 말로써 인사를 하도록 요구하였다. 또한 도미티안은 제국 내의 어디에서나 황제의 상을 세우게 하였으

---

69) *Ibid*, 593-577.
70) D. L. Jones, "Roman Emperor Cult," in *ABD*, vol. V, 806-808, 인용은 807.
71) *Ibid*.
72) H. Koester, "A Political Christmas Story," *BR* 10 (1994): 23.

며 에베소에서는 황제의 초등신대상을 갖춘 웅장한 신전을 짓게 하였다.[73]

모웨리(R. L. Mowery)는 주후 1세기 로마 황제들의 신성을 나타내는 공식칭호가 두 가지 형식이 있음을 제안한다. 즉 두 단어로 구성된 공식칭호(θεού υἱός, 하나님의 아들)와 세 단어로 구성된 공식칭호(θεού-선황제의 이름-υἱός)가 그것이다.[74] 도미티안의 경우, 세 단어로 구성된 공식칭호(θεού-Οὐεσπασιαγού-υἱός)보다 두 단어로 구성된 공식칭호(θεού υἱός)로 보다 많이 불러졌음을 그는 지적한다.[75] 타수스, 아나자부스, 알렉산드리아, 그리고 여러 이집트 지역에서 주조된 무려 80여 종류의 동전에서 도미티안은 "하나님의 아들"(θεού υἱός)로 묘사되어 있다.[76] 더 나아가 그는 "신들의 아버지"(father of gods)로 동전에 묘사되고 있다.[77] 이는 과거 황제들이 그들의 선(先)황제와 연결점을 통해 신성을 확보하고 강조 한 것과는 대조적인 일로, 도미티안은 스스로에게서 신성을 확보하고, 스스로의 신성을 강조하는 것이다.

이 책은 히브리서 기록연대를 주후 80~95년 사이로 상정하고 있다. 이 당시 제국의 통치자는 도미티안 황제(주후 81-96)

---

73) E. Lohse, 『신약성서 배경사』, 260.
74) R. L. Mowery, "Son of God in Roman Imperial Titles and Matthew", *Bib* 83/1 (2002): 100-110.
75) *Ibid.*
76) *Ibid.*
77) D. L. Jones, "Roman Emperor Cult," in *ABD*, vol. V, 806-808, 인용은 807.

였다. 위에서 언급하였듯이 도미티안의 극심한 황제숭배 요구[78]는 히브리서 공동체의 삶에 직접적인 영향을 주었을 것이다. 제국에 만연된 황제숭배를 기독교인들은 받아들일 수 없었다. 한 인간을 주(主)로, 신(神)으로 여기는 것은 명백하게 우상숭배이기 때문에, 히브리서 공동체는 황제숭배를 인정할 수 없었고 황제숭배의 의식에 참여할 수 없었다. 히브리서 공동체에게 오직 주(主)는 "하나님의 아들 예수 그리스도"일뿐이다. 이 신앙적 진술은 로마와 확실하게 상충한다.

유대교는 전후 일정기간 유지된 로마제국과의 『상대적 우호』관계 때문에 군주숭배에 참여하도록 강요받지는 않았다.[79] 그러나 기독교는 유대교와의 분리로 인해 그 같은 특권을 누릴 수 없었다. 황제숭배를 거부하는 히브리서 공동체에 대해서 로마는 박해를 가한다. 로마의 입장에서 예수라는 십자가에 처형된 죄인을 "그리스도"(구원자)로, "하나님의 아들"로, "대제사장"으로 추앙하며 황제숭배를 거부하는 히브리서 공동체가 곱게 보일 리가 없다. 예수를 "그리스도"로 선포하는 "복음의 사건"이 "정치적 사건"이 될 수 있다.

---

78) 황제의 상에 경배하는 것으로 기독교인과 비기독교인을 구별하였다. B. W. Jones, "Domitian," in *ABD*, vol. Ⅱ, 221-222.

79) 유대인의 특혜에 대해서는 로제의 언급을 참고하라. "유대인들은 훌륭한 종교를 가진 오랜 민족이었기 때문에 그들에 대해서는 군주숭배에 참여하도록 강요하지 않았다." E. Lohse, 『신약성서 배경사』, 260.

또한 히브리서 공동체에 가해진 로마의 박해는, 예수의 『왕적 대제사장직』[80]과 관련이 있다. 히브리서 저자는 예수의 대제사장직을 『멜기세덱적 대제사장직』으로 설명한다. 히브리서 저자에 따르면 멜기세덱은 "살렘의 왕"이요 지극히 높으신 하나님의 "제사장"이고(7:1), 예수 그리스도는 멜기세덱의 방식을 잇는 대제사장이다(5:6, 10; 6:20; 7:11; 7:17).[81]

왕적 대제사장직은 "신정일치(神政一致)"를 의미하기 때문에 로마제국은 히브리서 공동체를 위협적인 세력으로 간주할 가능성이 크다. 로마의 황제숭배는 신정일치의 대표적인 예다. 로마가, 더 정확하게는 로마의 황제가 또 다른 신정일치를 인정했을 리 만무하다.

---

80) 이삭스의 연구에 따르면, 저자는 다윗 계열의 왕을 제사장으로 소개하는 시 110:4(LXX 109)을 이용하여 하나님의 메시야적 아들과 제사장을 결합시킨다. M. E. Isaacs, "Priesthood and the Epistle to the Hebrews," *HJ* 38 (1997): 51-62, 인용은 57.

81) "살렘의 왕이자 지존하신 하나님의 제사장이었던(창 14:18; 시 110:1, 4; 히 7:1) 멜기세덱의 한 인격과 범주 내에서 왕직과 제사장직의 연합이 있다는 것은 특별히 의미심장하다." P. E. Hughes, 『히브리서(상)』, 249.

제 3 장

히브리서 공동체의
내부정황

이 장에서는 히브리서 공동체의 구성원들을 살피고, 히브리서 공동체의 내부정황과 갈등을 추적하려고 한다. 내부갈등 정황을 추적하기 위해서는, 먼저 "히브리서 공동체는 '히브리서'(πρὸς 'Εβραίους)라는 제목처럼 유대인들로 구성된 공동체인가 아닌가?"에 대한 의문을 해결해야 한다. 이와 관련하여 먼저 히브리서 수신자에 대한 학자들의 다양한 견해를 살펴보자.

맨슨(W. Manson)에 따르면, 히브리서는 스데반을 중심으로 한 무리들에게 유래하였고, 로마 공동체는 소수의 히브리인을 포함한 유대교적 헬레니즘파와 이방계 그리스도인으로 구성된다.[1] 이 같은 맨슨의 주장은 수용하기 어렵다. 무엇보다도 그는 히브리서 안에 흐르고 있는 구약적 배경을 간과하였다. 또한 히브리서가 스데반을 중심으로 한 무리들에게 유래했다는 그의 단정은, 히브리서안에 있는 여러 가지 사유들을 해결할 수 없다. 단적인 예로, 히브리서 전반에 나오는 제의와 속죄에 대한 개념에서, 그리스도교로 개종한 사제집단의 흔적을 발견할 수도 있다. 그렇다고 해서 스피크(C. Spicq)처럼 히브리서 수신자를 그리스도교로 개종한 사제집단[2]으로 한정해서도 안 된다. 스데반에 영향을 받은 무리, 그리스도교로 개종한 사제 집단 등을 포함하는 히브리서 수신자들의 다양한 구성을 간과하지 말

---

1) W. Manson, *The Epistle to the Hebrews*, 25-37.
2) B. Lindars, 『히브리서의 신학』, 21.

아야 한다.

린다스에 따르면 히브리서에 나오는 교회는 궁극적으로 행 6-7장에 언급된 헬라적 유대인들에게서 출발하였고, 이 헬라적 유대인들은 스데반의 죽음 이후에 도피해가면서 말씀을 전하는 자들(행 8:4)이었다. 그의 연구에 따르면, 히브리 교회는 이 선교활동 중에 나타난 하나의 열매이고, 스데반이 거룩한 장소(성전)와 율법에 대한 반대로 죽은 것을 근거로, 린다스는 "율법의 제사"가 "그리스도의 희생"에 의해 대치되어졌다는 히브리서 공동체의 기본적인 생각을 유추한다.[3] 린다스의 연구는 "율법의 제사"를 "그리스도의 희생"이 대체시키려는 저자의 의도를 부각시키고 히브리서와 스데반 전승의 연관성을 밝혔다는데 의의가 있다. 그러나 그는 히브리서의 독자들을 스데반 주위의 그룹으로 한정시키는 우를 범하고 유대교와 히브리서 공동체, 그리고 로마제국 사이의 사회-정치적 갈등을 추적하지 못하였다. 히브리서의 수신자들을 스데반 주위에 있는 그룹으로 단순화시키는 린다스의 연구는 수용하기 어렵다. 즉 린다스의 연구는 히브리서 공동체의 다양한 구성원들의 가능성[4]을 제한함으로 그 정당성을 상실한다.

글리슨(R. C. Gleason)은 히브리서의 빈번한 구약 인용과

---

3) B. Lindas, "The Rhetorical Structure of Hebrews," *NTS* 35 (1989): 382-406.
4) 히브리서 공동체의 다양한 구성원들에 대한 자세한 논의는, 제3장을 참조하라.

구약적 배경을 근거로, 히브리서의 수신자를 유대 크리스챤 (Jewish-Christian)으로 단정한다.5) 이 같은 글리슨의 주장은 히브리서 공동체를 유대인으로 한정함으로 비판의 여지를 남긴다. 왜냐하면 구약적 배경을 가진 이방인도 충분히 존재할 수 있기 때문이다.

글리슨과 달리 반호예(A. Vanhoye)는 히브리서의 수신자들을 "히브리인들"(To The Hebrews)이 아닌 "어떤 기독교인들"(To Some Christian)로 제시한다.6) 반호예는 히브리서가 명확하게 기독교인들에 대해 말하고 있고(3:14), 그들은 명확하게 그 곳에 오래 머물러 있었다(5:12)고 주장한다. 그에 따르면, 히브리서 저자는 유대인과 이방인을 구별시키는 방식을 사용하지 않는다.7)

엘링워쓰(P. Ellingworth) 또한 반호예와 유사하게, 히브리서 전체에서 구약성서가 빈번히 인용되는 것은 공동체 내에 유대인들이 많다는 것을 의미하지만, 히브리서 기자는 유대인과 이방인을 구분하는 것을 회피하려고 한다고 주장한다.8) 엘링워쓰의 이 같은 주장은 받아들이기 어렵다. 히브리서에 구약적 인

---

5) R. C. Gleason, "The Old Testament Background of the Warning in Hebrews 6:4-8," *BS* 155 (January-March 1998): 62-91, 인용은 66.
6) A. Vanhoye, *Structure and Message of the Epistle to the Hebrews*, 1.
7) *Iibd.*, 1-2.
8) P. Ellingworth, *The Epistle to the Hebrews* (London: Emworth Press, 1991), 25.

용이 많다는 이유 하나로 히브리서 공동체에 유대인이 많다고 가정하기 어렵다. 구약 인용이 많다는 것은 구약적 영향을 받은 사람들이 많다는 것을 의미한다. 회당주변에 구약(유대교)에 익숙한 이방인들9)은 얼마든지 있었다. 이들이 히브리서 공동체에 참여했을 가능성은 높다. 엘링워쓰의 논리라면 그가 주장하는 것의 역(逆)도 성립한다. 즉 히브리서 공동체를 구약에 영향을 받은 이방인들이 많은 공동체로 가정할 수도 있는 것이다. 히브리서 저자가 구약인용을 할 때 언제나 70인역(LXX)을 사용한다는 것 또한 간과하지 말아야 할 사실이다. 70인역(LXX)은 헬라적 영향을 받은 유대인들이나 이방인들을 위해 만들어진 번역이기 때문이다. 아울러 유대적 경향을 나타내는 할례법이 히브리서에 언급되지 않음도 살펴야 한다.

---

9) 『하나님 경외자들』(God-Fearers)이 단적인 예가 될 수 있다. 유상현은 하나님 경외자들에 대해 다음과 같이 자세하게 논증한다. 하나님에 대한 경외심을 포함한 유대교에 관한 전반적 호의를 유지하면서 유대인과 긴밀한 사회적 유대를 형성하고 있던 부류의 사람들로 이해할 수 있을 것이다. 이들은 유대인들과 이방 세계와의 관계에서 "완충역할"을 수행했다. 회당 주변에서 유대교에 호의를 축적했던 적잖은 사람들은 유대교로의 마지막 경계(할례)를 넘지 못하고 바깥에 위치되어 있었을 것이다. "하나님 경외자"와 "개종자"는 차이가 있다. 아마도 "개종자"들은, 이방인로서 할례를 받고, 유대교의 율법을 지키며, 회당 예배와 종교 행사에 정기적으로 참여하는 사람들을 일컬었을 것이다. 그들은 이방인과 유대인의 경계를 넘어 유대교의 영역 안으로 이미 들어온 사람들로 "거의 유대인"으로 간주될 수 있는 사람들이었을 것이다. 바울은 유대인들과 이방인들 사이에 그어진 전통적인 경계선인 할례을 거부한다. 바울은 유대교인과 이방인 사이의 장벽설치의 기능을 하는 할례를 거부한 것이다. 유상현, 『바울의 제 1차 선교여행』(서울: 대한기독교서회, 2002), 97-117. 특히 114-117.

히브리서 공동체 안에 유대인이 많은지 이방인이 많은지 가늠하기는 어렵다. 다만 유대적 영향을 강하게 받은 "친유대주의그룹"과 헬라적 영향을 강하게 받은 "반유대주의그룹"이 갈등하고 있음을 추정할 수 있다. 또한 히브리서 저자를 지지하는 그룹도 추정할 수 있다. 본 연구에서는 편의상 히브리서의 산출과 관련하여 그 배후에 존재하였다고 가정되는 이 집단을 "(히브리서) 저자그룹"으로 명명하겠다. 친유대주의그룹에는 보수적 성향을 가진 멤버들이 존재했고, 이와 비슷하게 반유대주의그룹에서도 급진적 성향을 가진 멤버들이 존재했다.

이 장에서는 히브리서 공동체를 유대인과 이방인으로 구성된 혼합공동체로 상정하고, "친유대주의그룹"과 "반유대주의그룹", 그리고 "(히브리서) 저자그룹" 사이의 내부갈등을 고찰하겠다.[10]

1. 친유대주의그룹과의 갈등

히브리서 공동체내 친유대주의그룹이 존재했다. 이들은 구약적 영향을 강하게 받은 그룹이었고, 바리새 유대교의 율법준

---

[10] 친유대주의 그룹에 유대인들만, 반유대주의 그룹에 이방인들만 속한다는 지나친 단순화를 본 연구는 피한다. 친유대주의 그룹에 구약의 영향을 강하게 받은 이방인들이 속할 수도 있고, 반유대주의 그룹에 급진적 유대인들도 속할 수 있다. 다양한 가능성을 고찰해야 한다.

수에 대해서 비교적 우호적 입장을 취하는 사람들이었다. 또한 이들은 기독교와 유대전통과의 연결을 중시했다. 이들 중에는 그리스도교로 개종한 "사제집단"도 존재했다. 성소의 제의에 대해 세세한 저자의 설명[11]은 이들을 위한 배려라고도 볼 수 있다.

친유대주의그룹에서 바리새 유대교의 일부 신학사상에 "심정적 동조"를 하는 멤버들이 발생했고, 이들은 유대교로의 재전향을 깊이 고려하고 있었다. 친유대주의그룹에서 유대교로 재전향을 시도하려는 멤버들의 이탈(배교)은 세 가지 정황과 관련이 있다. 첫 번째는 『박해 정황』이다. 이탈시도자들은 박해를 피해서 유대교의 우산 속으로 피신하려는 사람들이다. 두 번째는 『신학적 논쟁정황』이다. 이탈시도자들은 바리새 유대교와 히브리서 공동체의 신학 논쟁 정황 속에서, 바리새 유대교의 신학에 동조하여 재전향을 시도하려는 것이다. 이들은 바리새 유대교가 히브리서 공동체보다 정통적이라는 이유로 재전향을 시도한다. 아마 "그리스도교로 개종한 사제그룹[12]"의 구성원들이

---

11) 성소의 제의에 대한 저자의 상세한 설명은 그리스도교로 개종한 사제집단에게 "성소 제의의 복음적 해석"을 이해시키기 위해서이고, 또한 성소 제의에 대해 잘 알지 못하는 이방인들에게 제사 세목과 물품에 관해 상세한 설명을 하기 위한 것이다(특히 9:1-5의 장막의 설명을 참조하라).
12) 보수적 친유대주의의 성격을 가지는 멤버들 중에는 "과거에 그리스도교로 개종한 사제집단"이 있음을 추정할 수 있다. 스피크(C. Spicq)는 독자들을 "믿음에 복종하게 된 제사장의 큰 무리"를 본서의 독자라고 보고 있다. 이 같은 주

이런 식의 이탈을 시도했을 것이다. 이들은 "보수적" 친유대주의의 성격을 가졌다. 세 번째는 『정치적 정황』이다. 정치적 정황과 관련하여 다음과 같은 피츠너의 주장은 좋은 통찰을 준다.

> 1세기의 초기 기독교인들은 그들이 많은 종교적 제의들과 강압적인 국가종교(로마와 아우구스투스에 대한 숭배)를 내포하고 있는 이교적인 그리이스-로마 세계에 속하여 있지 않고 유대교에도 속하여 있지 않다는 사실을 곧 깨닫게 되었다. 유대인들은 한 분이신 하나님께 대한 그들의 신앙을 더럽히고 위협하였던 로마와 황제에 대한 숭배로부터 면제되어 있었다.[13]

바리새 유대교는 로마 제국과의 우호적 관계로 말미암아 황제숭배로부터 면제된 반면, 초기 기독교 공동체는 황제숭배로부터 면제되지 않았다. 이 같은 상황은 히브리서 공동체에게도 적용되었다. 유대인들은 십계명의 1계명(유일신)과 2계명(우상숭배금지)을 가슴 깊이 두고 있었다. 이것은 모세의 첫째가는 율법이요, 이스라엘 민족이 하나님께 지킬 순결함이었다. 이 계

장에 대해 린다스는 스피크가 히브리서에 성전이 한 번도 언급되지 않은 사실을 간과했다고 비판한다. B. Lindars, 『히브리서의 신학』, 21. 스피크가 히브리서의 독자를 사제집단으로 한정한 것도 문제지만, 린다스처럼 히브리서 공동체에서 사제집단을 배제하는 것도 문제이다. 스피크와 린다스 둘 다 히브리서 공동체의 구성원에 대한 단편적인 지식을 강요하고 있다. 히브리서 공동체에는, 사제집단을 포함한 다양한 구성원들이 존재했다.
13) V. C. Pfitzner, 『히브리서』, 20.

명을 지키느냐 지키지 않느냐에 따라 유대민족의 흥망성쇠가 결정되는 것이다. 신 5:7-11에서 따르면 우상숭배를 하는 자의 죄는 아비로부터 아들에게 삼 사대까지 이르게 된다. 이 같은 우상숭배 금지명령(출 20:4; 레 26:1; 신 7:25; 신 11:16; 사 42:8)을 가슴에 품고 있는 유대인들에게, 유대교에 대한 로마제국의 호의, 다시 말해 "황제숭배에 대한 면제"는 얼마나 안락한 것이겠는가? 유대인들에게 있어 박해 없이 황제숭배로부터 면제되는 유일한 길은 바리새 유대교의 우산 아래로 도피하는 것이었다. 따라서 히브리서 공동체 안의 친유대주의그룹 중 일부는 "황제숭배 면제특권"을 얻을 수 있는 바리새 유대교로 재전향을 시도하는 것이다.

"예수의 대제사장직"을 부인하며, "율법"을 강조하고, 자신들의 "정통성"을 주장하는 바리새 유대교의 신학공격과 이에 어느 정도 동조하는 친유대주의그룹이 생겨나고 있는 히브리서 공동체의 정황 가운데에서, 친유대주의그룹과 히브리서 저자그룹은 갈등하고 있다. 특히 친유대주의그룹의 바리새 유대교로의 재전향 시도는 히브리서 저자그룹과 깊은 갈등을 일으켰다. 히브리서 저자는 3:7-12에서 다음과 같이 경고한다.

> 그러므로 성령이 말씀하신 것과 같이, 만일 오늘(Sh,meron) 너희가 그의 음성을 듣거든 마치 광야에서 시련의 날에 반역했던 것과 같

이 "너희의 마음을 강팍케 하지 말라, 거기서 너희 조상들은 나를 시험하고 증거를 요구했고 40년 동안 나의 행사를 보았다. 그러므로 나는 그 세대에게 분노해서 말했다. '그들의 마음이 언제나 탈선하여 나의 길들을 알지 못하였다.' 내가 나의 진노 가운데 맹세한 것처럼 그들은 나의 안식(κατάπαυσίν)[14])에 들어오지 못할 것이다." 형제들이여 여러분 중에 누가 불신앙의 악한 마음으로 살아계신 하나님으로부터 떠나는 사람이 없도록 주의하십시오(Βλέπετε, ἀδελφοί, μήποτε ἔσται ἔν τινι ὑμῶν καρδία πονηρὰ ἀπιστίας ἐν τῷ ἀποστῆναι ἀπὸ θεοῦ ζῶντος). [15])

3:7-11은 시 95:7-11을 인용한다.[16] 글리슨의 연구에 따르

---

14) 창2:1-3의 하나님의 안식은 하나님의 활동의 중지를 의미하지 않는다. 오히려 창조의 극치가 안식이다. 창1장에서 창세기 저자는 "저녁이 되며 아침이 되니 이는 몇째 날이다"라고 명시하고 있다. 그러나 제 7일에는 그런 선언이 없다. 이것은 어떠한 암흑이라도, 어둠, 혼돈, 죽음, 질병, 기근, 전쟁, 그 어느 것도 하나님의 시간(holy to)을 침범할 수 없다는 것을 의미한다. 그것이 바로 구원이다. 이같은 구약의 연장선상에서, 히브리서 저자는 "하나님의 안식"이라는 개념을 "종말론적 희망인 구원"으로 사용하고 있다. "그런즉 안식 할 때가 하나님의 백성에게 남아 있도다"(4:9)라는 희망적인 저자의 진술도 이런 지평에서 고찰되어야 한다.

15) 윌슨에 따르면, 12절은 배교에 대한 경고로 시작한다. "살아계신 하나님"(θεοῦ ζῶντος)은 주권자와 창조주를 나타내는 하나님에 대한 일반적인 칭호이다. 그러나 10:31에서 그것은 하나님의 확실한 징벌과 연결된다. R. M. Wilson, *The Century Bible Commentary: Hebrews*, 75. 몬테피오레는 구약에서 "살아계신 하나님"은 공허한 우상과 대조되는 창조자의 권능을 나타내지만, 여기에서는 신적 보응의 능력을 의미한다고 밝힌다. H. W. Montefiore, *The Epistle to the Hebrews*, 77. 이탈에 대한 하나님의 징벌을 강하게 표현하는 저자의 진술을 통해, 히브리서 공동체 안에 배교하려는, 즉 이탈하려는 구성원들이 존재함을 알 수 있다.

16) 엔스(P. E. Enns)는 3:1-4:13과 시 95편과의 연관성을 제시한다. 그에 따르면

면, 저자는 3:7-4:11 단락의 구약적 배경으로 "출애굽 세대"를 상정한다. 저자는 출애굽 세대의 구속됨과 범죄함을 인지하고 있다.[17] 그러나 글리슨은 히브리서 저자가 왜 출애굽 광야 세대의 패역한 반역과 하나님의 징벌(안식의 배제)을 독자들에게 세세히 설명하는지를 지적하지 않았다. 즉 그는 히브리서 공동체의 삶의 자리에 있었던 박해와 배교의 정황을 고찰하지 않았다. 저자는 출애굽 사건을 독자들의 삶의 정황과 결부시켜 배교를 피하고, 믿음을 지킬 것을, 마음을 강퍅케 하지 말 것(3:15)을 권고하는 것이다.

시95편은 믿음이 없는 백성들을 경고하기 위해 창조를 이야기한다. 그는 재창조의 행위로써의 출애굽에 대한 묘사(6-7a)가 창조를 말하는 1-5과 연결되고, 므리바와 맛사의 사건을 언급하는 7b-11과도 연결된다고 제시한다. 또 그의 연구에 따르면 히브리서 저자는 7b-11의 경고를 종말론적 차원으로 해석함으로 그의 공동체에 적용한다. 따라서 저자에게 있어 히브리서 공동체는 "새로운 출애굽 공동체"로 인식되고, 새로운 공동체를 위한 안식은 하나님이 함께하는 안식이다. 이 안식은 광야시대에 충실한 사람들에 대한 보상일 뿐만 아니라, 새로운 출애굽 공동체인 히브리서 공동체를 위한 모범(paradigm)이 된다. P. E. Enns, "Creation and Recreation: Psalm 95 and Its Interpretation in Hebrews 3:1-4:13," *WTJ* 55 (1993): 255-280. 그러나 엔스는 3:1-4:13단락의 서두에 분명히 명시되는 대제사장 예수 그리스도를 포착하는 데까지는 나아가지 못했다. 즉 대제사장이신 예수 그리스도가 새로운 출애굽 공동체에 어떤 역할을 하는지 설명하지 않았다. 과거 출애굽 공동체의 지도자가 모세였다면 새로운 출애굽 공동체인 히브리서 공동체의 지도자는 대제사장이신 예수 그리스도이다. 그러나 대제사장이신 예수는 제2의 모세가 아닌 모세 보다 뛰어나고 존귀한 존재이다. 즉 모세가 하나님의 집에서 봉사하는 종(3:5)이라면, 예수 그리스도는 하나님의 아들(3:6)이다.

17) R. C. Gleason, "The Old Testament Background of Rest in Hebrews 3:7-4:11," *BS* 157 (July-September 2000): 281-303 참조.

시 95:7-11은 이스라엘 민족이 광야에서 40년을 유리하게 되는 원인을 고발하는 민 14장을 떠오르게 한다. 따라서 3:7-11과 시 95:7-11, 그리고 민 14장은 상호 연결되어 있다. 민 14장은 여호수아와 갈렙 외에는 약속의 땅에 들어가지 못할 것(민 14:30)이라는 "하나님의 긍휼 없는 결정"을 표현한다. 저자는 하나님의 긍휼 없는 결정이 "오늘"(Σήμερον)에도 유효할 수 있음을 밝히며, 공동체를 이탈하려는 멤버들에게 엄정하게[18] 경고하는 것이다.

12절의 "불신앙의 악한 마음으로 하나님을 떠나는 사람이 없도록 주의하라"는 저자의 권면에서, 히브리서 공동체를 떠나려고 시도하는 구성원들이 발생하는 정황을 추적할 수 있다. 이에 저자는 "형제들"(ἀδελφοι)들로부터, 즉 히브리서 공동체로부터 떠나지 말 것을 권면 한다.

3:7-11은 과거 이스라엘 민족의 광야에서의 반역을 고발하고 있다. 이 반역의 고발자는 "성령"[19]이고, 이 고발은 시 95편

---

18) 이탈자에 대한 히브리서 저자의 단호한 엄정성은 6:4-6; 10:26-27에서도 나타난다.

19) 스탠리(S. Stanley)는 히브리서가 인용된 성령을 성서 말씀의 담지자로 간주한다고, 즉 히브리서 저자가 성령의 말씀과 성경을 동등한 것으로 간주한다고 주장한다. 그에 따르면, 성령은 어떤 것을 명백히 밝히는 역할을 수행한다. 이같은 사용은 성령이 증거한다고 표현한 10:15, 렘 31장을 재인용하는 8장, 시 95편을 재인용하는 3:7, 그리고 성경의 가르침을 명백히 하는 9:8 등에서 발견된다. S. Stanley, "Hebrews 9:6-10: The 'Parable' of the Tabernacle," *NT* 37/4 (1995): 385-399, 인용은 392. 몬테피오레는 이 서신에서 성령이 성경에 나타

의 "하나님의 음성"을 떠오르게 한다. 저자는 직접화법으로 경고를 표현한다. 또한 윌슨의 지적대로 저자는 현재시제를 사용하여 성령의 증언을 표현한다.[20] 다시 말해 구약 성서의 메시지는 "지금" 정확하게 히브리서의 독자들에게 말해지고 있고 "오늘"의 강조는 그의 호소의 긴박성을 나타낸다.[21]

3:7-11의 청자는 광야세대의 조상들 내지는 이스라엘 민족으로 한정할 수 있고, 히브리서 공동체로 확장할 수도 있다. 광야의 노정에서 이스라엘 민족들의 불순종을 저자는 강조하고 있다. 광야시대의 유대민족들의 타락을 상기시키는 표현에서, 저자가 일차적으로 친유대주의그룹에게 경고[22]하고 있음을 감지(感知)할 수 있다. 하나님으로부터 떠난 자들에게는 "안식"[23]이 주어지지 않는다고 하나님 자신이 맹세하고 있다. "안식의 배제"는 "하나님의 맹세"[24]로 확실해진다.

난 하나님의 영감과 동일시됨을 지적한다. H. W. Montefiore, *The Epistle to the Hebrews*, 75.

20) R. M. Wilson, *The Century Bible Commentary: Hebrews*, 74.

21) *Ibid.*

22) 물론 이 경고가 "친유대주의그룹에게만" 해당된다는 것은 아니다. 이 경고의 일차 대상자는 친유대주의그룹이고, 특별히 친유대주의그룹에 속한 이탈시도자들이다.

23) 피츠너는 약속된 안식을 이 세상에서의 노고 이후에 차지할 "하늘의 안식", 즉 "미래의 구원의 상태"로 설명한다. V. C. Pfitzner, 『히브리서』, 79.

24) 안식에 들어오지 못할 것이라는 하나님의 맹세는 안식에 들어오지 못하는 자들에게는 심판을 의미한다. 심판이 있다면 은혜도 있다. 하나님은 "약속을 기업으로 받는 자들에게 그 뜻이 변치 아니함을 충분히 나타내시려고 그 일에 맹세"(6:17)로 보증하셨다. 보증의 중재자는 대제사장이신 예수 그리스도이다.

공동체를 이탈한 자들은 "하나님의 안식"에서 배제된다. 하나님의 안식은 종말론적인 측면에서 구원과 관련이 있기 때문에 공동체를 이탈한 자들은 구원에서 배제되는 것이다. 이 같은 강도 높은 단정과 경고를 통해 히브리서 저자그룹과 이탈을 시도하려는 친유대주의그룹과의 갈등을 추정할 수 있다.

2. 반유대주의그룹과의 갈등

히브리서 공동체 안에는 친유대주의그룹과는 다른 성향을 가지는 반유대주의그룹도 존재했다. 반유대주의그룹은 유대교에 대해 반감을 가지고 있었으며, 유대교의 율법준수에 대해 비판적인 입장을 견지하였다. 이 같은 이들의 입장은 히브리서 공동체 안에서 친유대주의그룹과 갈등을 일으켰다. 또한 유대(구약)전통의 단절을 중시하는 이들의 입장은 히브리서 저자그룹과도 갈등을 일으켰다.

반유대주의그룹은 헬라적 영향을 받았다. 헬라적 영향을 받았다는 것은 이방적 영향을 받았다는 것을 의미한다. 또한 반유대주의그룹은 스데반 등으로 대표되는 헬라파 그리스도인들의 영향을 받았으며, 최소한 그들의 전승을 알고 있었다. 스데반 전승의 영향을 반영하는 9:11을 살펴보자.

그러나(δέ) 그리스도께서 이미 나타난 좋은 일(τῶν γενομένων[25] ἀγαθῶν)의 한 대제사장으로 오셔서 손으로 짓지 않은(οὐ χειροποιήτου), 다시 말하면 이 피조물에 속하지 않은 보다 크고 완벽한 장막을 통하여

그러나(δέ)의 사용은 9:1-10과는 다른, 즉 첫 언약과는 다른 속죄 패러다임의 등장을 예고한다. "한" 대제사장(ἀρχιερεύς, a high priest)의 표현은 예수 그리스도의 대제사장직의 독특성을 강조한다. 이는 9:12 "단번에"(ἐφάπαξ)와 맞물려 예수 그리스도의 대제사장직의 유일성을 또한 강조한다.

"손으로 짓지 않은"(οὐ χειροποιήτου)[26]이라는 어구는 행

---

25) 두 가지 독법이 가능하다. 하나는 τῶν γενομένων ἀγαθῶν(이미 나타난 좋은 일)로 해석하는 것이고, 또 하나는 τῶν μελλόντων ἀγαθῶν(장차 올 좋은 일)로 해석하는 것이다. 본 논문에서는 예수 그리스도께서 "이미" 오셔서 십자가에 달려 돌아가시고 부활하셨음을 고려하여, 또 "이미" 자기 자신을 제물로 단번에 드리시는 십자가 사건이 일어났음을 근거하여 전자로 해석하겠다.

26) 로제에 따르면, χειροποιήτος가 사용된 신약의 모든 단락에서, 그것은 "하나님의 일을 위해 인간의 손들(made with hands)로 만든 것에 대한 반대"를 설명하기 위해 사용되었다. 또한 로제는 히 9:11, 24에서 그리스도가 거주하는 하늘 성소(heavenly sanctuary)와 손들로 짓은 땅 위의 성전(earth temple)이 대조되고 있다고 밝힌다. E. Lohse, "χειροποιήτος," in *TDNT*, vol. X, ed. G. Kittel (Grand Rapids: W. B. Eerdmans Publishing Company, 1964), 436-437. χειροποιήτος와 관련하여 레벨(W. Rebell)의 정리를 살펴보자. 신약에 χειροποιήτος는 6번, ἀχειροποίητος는 3번 나온다. 그 두 단어는 산헤드린에서 예수를 반대하는 거짓 증언자들의 고소, 즉 "예수가 손들로 지은 성전을 헐고 손들로 짓지 아니한 다른 성전을 사흘만에 지으리라고 주장했다"(막 14:58)는 진술에서 동시에 사용된다. 마가는 그것의 형태 때문에 이 성전을 불확실한 것 (inauthentic)으로 이해한다. χειροποιήτος는 스데반의 설교("지극히 높은 분은

7:48과 행 17:24을 기억나게 한다. 행 7:48은 스데반의 변호(설교)이고, 행 17:24는 바울의 설교이다. "손으로 짓지 않은"에 대해 히브리서 저자는 이 피조물에 속하지 않은 것이라고 설명한다. χειροποιήτου와 유사한 χειροποίητα라는 표현은 구약(LXX)에서 레 26:1, 30; 사 2:18, 16:12, 19:1, 21:9, 31:7, 46:6; 단 5:4, 23에 나온다. 이 모든 경우, χειροποίητα는 "우상"이나 "산당"을 의미하는 부정적인 의미를 지닌다.

스데반이 공회에 고소 당한 내용은 "거룩한 곳"과 "율법"을 거슬려 말했기 때문이다(행 6:14). 이는 예수가 비난받았던 항목과 동일하다. 스데반은 급진적 반성전관을 가지고 있는 사람이었다. 스데반의 반성전관을 알 수 있는 단락을 살펴보자.

> 그리고 그들이 그날에 송아지를 만들어 그 우상에게 제물을 바쳤습니다. 그리고 그들의 손으로 만든(τοῖς ἔργοις τῶν χειρῶν αὐτῶν) 것

인간의 손들로 만든 집에 계시지 아니하시고" 행 7:48)와 바울의 아레오바고 논쟁("하나님은 손으로 만든 전에 계시지 아니하시니" 행 17:24)에서도 나타난다. 성전의 중요성의 약화는 예루살렘으로부터 땅끝까지 나아가는 복음의 확장과 함께 진행된다. 엡 2:11에서 χειροποιήτος는 인간의 손으로 행해진 육체의 할례를 지칭한다. 골 2:11에서 손으로 행하지 않는 할례(περιτομῇ ἀχειρο-ποιήτῳ)는 세례를 나타낸다. 9:11, 24에서 χειροποιήτος는 땅에 세워진 손으로 만든 성소를 의미한다. 이것은 손으로 만들지 않은 하늘의 성소와 대조된다. W. Rebell, "χειροποιήτος," in EDNT, vol. Ⅲ, 464. 이 같은 연구를 통해, χειροποιήτος(막 14:58; 행 7:48, 17:24; 엡 2:11; 골 2:11)에 대한 신약 저자들의 부정적 견해를 살펴볼 수 있다. χειροποιήτος에 대한 부정적 진술은 반(反)율법관과 반(反)성전관을 암시한다. 히브리서(9:11) 또한 이런 흐름을 따르고 있다.

으로 말미암아 기뻐했습니다(행 7:41).
그러나 가장 높으신 이는 손으로 지은(χειροποιήτοις) 곳에 거하지 않습니다(행 7:48a).

행7장에서는 스데반 자신의 변호내용이 나온다. 스데반은 먼저 족장 전승으로 그의 변호를 시작하고 하나님을 배반했던 이스라엘 민족의 패역한 광야전승을 이야기한다. 스데반은 구약적 표현(χειροποίητα)의 연장선상에서 "그들의 손으로 든" (τοῖς ἔργοις τῶν χειρῶν αὐτῶν, 행 7:41) 우상과 "손으로 지은"(χειροποιήτοις, 행 7:48a) 성전을 비교하며 비판한다. 스데반은 특별히 "하나님 자신이 손으로 지은 곳에 계실 수 없음을 선포"함을 강조한다(행 7:48-50). 이것은 성전(장소)이라는 울타리에 하나님을 가두지 말라는 것이다. 스데반은 유대인들에게 우상이 된 성전을 비판하였다. 또 스데반은 마음과 귀에 받은 할례를 강조한다. 이는 렘 31:31-34의 새 언약을 상기시킨다. 스데반은 유대인들이 마음에 받은 "새 언약"을 무시함을 비판한다. 스데반의 발언은 유대인들에게 반율법주의로 보여졌다. 이같은 스데반의 "급진적 반성전관"[27]과 "반율법관"은 그를 순교

---

27) 예수 또한 성전을 파괴한다는 위협을 주는 이유로 대제사장 앞에 고소되었다 (마 26:61; 막 14:58). 예수의 부정적 성전관과 초기 크리스천들의 성전관에 대해서는 다음을 참조하라. N. K. Taylor, "Palestinian Christianity and Caligula Crisis Part 1. Social and Historical Reconstruction," *JSNT* 61 (1996): 101-124.

의 자리로 이끈다.

정리하자면, 행7장에서 스데반은 족장전승은 긍정[28]하지만, 광야전승에는 부정적 입상[29]을 취하고 율법과 성선에 대해서는 비판을 가한다. 본 논문은 히브리서 수신연대를 80˜95년으로 추정한다. 예루살렘 멸망이후 바리새 유대교가 등장하였고, 바리새 유대교는 율법을 가장 중요시하였다. 이런 정황가운데 스데반의 영향을 받은 그리스도인들은 바리새 유대교의 율법강조에 반감을 가질 것이다.

맨슨(W. Manson)은 스데반의 설교와 히브리서의 유사성은 오래 전부터 인식되어 왔고, 양자의 유사성은 기본주제와 전승들 그리고 개별적 모티브들과 낱말들의 상호관계에서 드러난다고 제시한다.[30] 또한 맨스의 연구에 따르면, 히브리서 공동체가 처했던 위험은 유대교로 변절하는 데 있는 것이 아니라 유대교에 대해 스스로를 폐쇄시키지 않고 종말론적인 소명을 진지하게 받아들이지 않는 데 있었다.[31] 스데반 설교와 히브리서의 유

---

28) 족장들의 신앙을 긍정한다는 의미로 본 논문은 전제한다.

29) 광야에서 이스라엘 민족의 태도에는 비판적인 스데반의 입장

30) W. Manson, *The Epistle To The Hebrews*, 36. 일군의 학자들은 스데반의 설교 (7장)와 히브리서의 유사성을 주장한다. 브루스는 손으로 짓지 아니한 영적성소를 언급하면서 히브리서와 스데반 전승의 연관성을 강조한다. F. F. Bruce, 『히브리서』, 289. 윌슨의 주장 또한 참고하라. R. M. Wilson, *The Century Bible Commentary: Hebrews*, 151.

31) *Ibid.*, 52-56.

사성을 제시한 맨슨의 지적은 좋은 통찰을 주지만, 맨슨은 히브리서 공동체가 처한 박해와 배교의 정황을 너무 약화시켰다. 히브리서 곳곳에 드러나는 "박해"(10:32-34)와 "배교(타락)에 대한 권고와 경고"(2:1, 18; 3:12; 6:4-6; 10:29), 그리고 "고난 감내"에 관한 기사는 히브리서 공동체가 처한 "현실적 박해와 배교"의 정황을 잘 표현한다. 히브리서 저자가 예배의식과 천사숭배, 족장전승과 광야전승을 강조하고 제사전승과 성전전승의 포기를 강조한다고 주장한 맨슨의 지적은 좋은 통찰을 주지만, 그는 히브리서 저자가 천사숭배와 광야전승에 대해 부정적인 견해를 가지고 있음을 간과하였다. 맨슨의 희망과는 달리, 히브리서 저자는 천사숭배의 포기를 강조하고[32], 하나님에게 패역한 유대민족의 광야전승을 부정적으로 제시한다.

논의를 진전시키기 위해 스데반의 설교와 히브리서의 유사성을 살펴보면 다음과 같다. 첫째 스데반이 반성전관을 가지고 있다면 히브리서에는 성전($\iota\epsilon\rho\grave{o}\nu$)[33]에 대한 언급이 한번도 나오지 않는다. 히브리서에는 성전은 장막($\sigma\kappa\eta\nu\acute{\eta}$)[34] 이나 성소

---

32) 저자는 1:4-14단락에서 천사에 대한 아들의 우월성을 강조한다.

33) 마가복음에서 9번, 마태복음에서 11번, 누가복음에서 14번 사도행전에서 25번, 요한복음에서 11번, 바울서신(고전)에서 1번, 신약에서 총 71번 사용되었다. U. Borse, "$\iota\epsilon\rho\grave{o}\nu$", in *EDNT*, vol. II, 175-176. 그러나 히브리서에서 이 용어의 사용은 전무하다.

34) 신약에서 20번 사용되었다. 그 중 히브리서 에만 10번 사용되었다. $\sigma\kappa\eta\nu\eta$는 특별히 레위인들의 희생제사를 드린 장막(tabernacle)을 의미한다. J. A.

(ἁγίων, 8:2; 9:3; 9:8; 10:19) 혹은 지성소("Αγια Άγίων, 9:11)로 대체된다. 히브리서에서 "성전의 성소와 지성소"를 이야기하지 않고, "장막의 성소와 지성소"를 언급한다는 것은 주위 깊게 받아들여야 할 사실이다. 그렇다면 성전과 장막의 차이는 무엇인가?

하나님이 시내산에서 언약을 체결하고 성막을 짓게 하신 것은, 하나님이 다스리는 신정공동체를 만들기 위해서였다(출 19-31장). 땅 아래 성막을 지으라고 하신 것은, 하나님께서 산 아래로 내려와 그 계시를 들려주시기를 원하기 때문이다. 하늘에 계신 하나님이 땅 아래로 내려오신다는 것은 "구약적 성화"(incanation)이다. 하나님은 "움직이시는 하나님"이다. 성막은 어디든지 갈 수 있다. 성막의 본질적 중요성은 성전이지만 움직인다는 것이다. "움직이는 성막의 하나님"(tabernacling God)에 대한 강조는, "하나님을 성전에 가둔 이데올로기적 성전관(觀)"에 대한 비판이 된다.

스데반은 만유의 하나님을 성전에 가둔 것을 비판한다(행 7:48-50). 만유의 하나님은 보편적 하나님을 의미한다. 스데반은 하나님을 어느 건물 안에 가두어 놓는 이데올로기를 비판 한 것이고, 예루살렘 성전 안에 있는 하나님이라는 성전신학을 거

Bühner, "σκηνή", in *EDNT*, vol. Ⅲ, 251-252. 이를 통해 이 단어에 대한 히브리서 저자의 선호도를 짐작할 수 있다.

부한 것이다.

이스라엘의 성전 이데올로기의 극치는 그들이 패망하는 순간까지도 나타났다. 하나님은 성전이라는 장소에 갇힐 하나님이 아니다. 예루살렘 성전은, 하나님의 발등상이기에 예루살렘은 망하지 않는다는, 특정한 장소에 대한 이데올로기는 하나님의 역동성(Immanuel)과 온 우주에 충만한 생명력을 가두어 버렸다. 이런 이데올로기에는 "이스라엘만의(Only Israel) 하나님"이라는 유대민족의 배타성이 숨어있다. 민족종교로서의 하나님에 대한 이데올로기화는 다분히 율법적이고 그 중심에는 성전이 있다. 예수는 이런 성전관[35]을 비판한다.

> 예수께서 대답하여 가라사대 너희가 이 성전을 헐라 내가 사흘 동안에 일으키리라(요2:19).

히브리서 저자는 기독교 2세대로서 예루살렘 성전의 멸망을 목도(目睹)하였을 것이다. 성전을 언급하지 않고 장막(성막)

---

35) 서중석은 하나님의 나라는 정치적으로는 로마황제의 통치와 대립되어 있고, 종교적으로는 유대교 성전과 대립되어 있다고 지적한다. 그는 유대교 성전을 상징하는 무화과나무에 대한 예수의 저주이야기를 통해, 하나님의 때(καιρὸς)의 중요성을 강조한다. 그에 따르면 중요한 것은 장소가 아니라 때라는 것이다. 그는 유대교가 예루살렘 성전을 중심으로 한 공간의 종교, 소유의 종교, 건축의 종교, 장소 확보의 종교라면, 그리스도교는 하나님이 때를 중심으로 한 시간의 종교, 믿음의 종교, 역사의 종교, 소망의 종교, 보이지 않는 종교라고 제시한다. 서중석, 『복음서 해석』, 182-184.

을 언급하면서 새로운 속죄제의를 설명하는 것에서, 히브리 저자의 성전관(觀)이 스데반과 유사함을 알 수 있다. 성막 제의를 강조하는 저자의 기술에서 이데올로기적 성전제의에 대한 비판을 감지할 수 있다. 저자는 움직이는 하나님, 즉 하나님의 역동적 현존을 성막에서 발견한 것이다. 그러나 장막은 구약시대에 속한 것으로 옛 율법에 속한 것이다. 따라서 저자는 이 창조에 속하지 않은 "더 크고 온전한 장막"의 새 언약을 역설(力說)한다.

스데반 설교와 히브리서의 두 번째 유사성은 율법에 대한 태도에서 살필 수 있다. 스데반은 반율법적 입장을 취하고 "마음의 할례"를 강조한다. 이것은 렘 31:31-34의 새 언약을 떠오르게 한다. 히브리서는 율법의 불완전함을 언급하고 새 언약을 곳곳에서 강조한다(7:18-22; 8:6-13; 10:8-9; 10:15-18). 엘링워쓰의 지적대로 8:8-12의 렘 31:31-34 인용은 신약성서 가운데 가장 긴 구약본문 인용이다.[36] 이는 바꾸어 말하면 저자가 히브리서 인용구중에서 가장 길게 인용한 것이 렘 31:31-34임을 나타낸다. 가장 길게 인용한 새 언약이 저자에게 있어 얼마나 중요했는가를 암시할 수 있는 대목이다.

위에서 논증한 근거들을 통해서 히브리서 저자가 스데반의

---

36) P. Ellingworth, *The Epistle to the Hebrews: A Commentary on the Greek Text*, 412.

영향37)을 받았음을 알 수 있다. 여기서 생기는 난감한 문제는 히브리서 저자그룹과 반유대주의그룹의 "차이"는 무엇인가의 문제이다. 히브리서 저자그룹과 반유대주의그룹 둘 다 스데반의 영향을 받았다면 이들의 차이는 무엇인가? 그것은 다름 아닌 『유대(구약) 전통』에 대한 견해차이이다.

　히브리서 저자그룹과 반유대주의그룹은 "반율법관, 반성전관"을 공유했다. 그러나 히브리서 저자그룹은 반유대주의그룹과는 달리 구약 제의의 연장선상에서 예수의 십자가를 해석한다. 히브리서 저자그룹은 구약의 성막을 중시하며, 성막의 제의를 그리스도의 십자가 사건에 비추어 복음적으로 해석한다. 즉 히브리서 저자그룹은 『유대(구약) 전통』을 중시하고, 『구약적 제의 시스템』(System)을 수용한다. 구약적 제의 시스템의 수용은 "피를 흘려 속죄를 이룬다는 개념"(속죄제사의 개념)과 "대제사장의 중보 개념"을 저자가 받아들였음을 의미한다. 이에 반해 반유대주의그룹은 『구약적 제의 시스템』(속죄 제사&대제사장의 중보)을 받아들이지 않았다. 이 같은 유대(구약) 전통과의 연결이 반유대주의그룹과 갈등의 원인이 된다. 반유대주의그룹은 유대 전통에 기반을 둔 히브리서 공동체와 바리새 유대교 둘 다 거부하고, 박해를 피해 로마 제국의 우산 속으로 들어가려고 시도한다. 로마 제국의 우산 속에 들어간다는 것은 로마 제국의

---

37) 저자는 최소한 스데반 전승을 알고 있었다.

황제숭배에 참여하게 됨을 의미한다. 이들에 대한 저자의 강력한 경고에서 상황의 급박성을 추적할 수 있다.

> 한번 비침을 받고 하늘의 은사를 맛보고 성령에 참가자들이 되고 하나님의 유익한 말씀과 다가올 시대의 능력들을 맛본 자들이 이탈하면 그들은 다시 새롭게 하여 회개할 수 없습니다. 그들 스스로 하나님의 아들을 십자가에 못박아 치욕과 부끄러움에 노출시켰기 때문입니다(6:4-6).[38]
> 그러나 땅이 가시덤불들과 엉겅퀴들을 생산하면 거절을 당하고 저주에 이르게 되며 그 마지막은 불태움을 당할 것입니다(6:8).

이 경고에서 "타락한 배교자"는 다시 새롭게 하여 회개케 할 수 가 없고, 즉 두 번째 회개가 불가능하며, 그들은 마지막에

---

38) 전경연은 둘째 회개를 한다는 것은 세례를 다시 받는 문제라고 지적하면서, 사하심을 얻지 못하는 죄를 성령훼방죄(막 3:29)와 연결시킨다. 또 그는 히브리서 저자가 "눈물까지 흘리며 구했건만 회개의 기회를 얻지 못한에서"(12:17)와 "겔 18:24, 26"을 염두에 두고 있다고 주장한다. 전경연, 『히브리서 주석과 신학』, 234-235. 이 같은 전경연의 주장은 받아들이기 어렵다. 왜냐하면 둘째 회개를 하는 것이 세례를 다시 받는 것이라는 주장을 지지할 성경본문이 없기 때문이다. 또 에서의 회개 불가능성에 대해 12:17-21단락은 이야기하지만, 12:22-24단락은 새 언약과 심판에 대해 이야기하기 때문이다. 12:22의 "그러나"(ἀλλὰ)를 주목할 필요가 있다. 12:22의 ἀλλὰ는 12:18-21에 대한 부정의 의미가 있다. 즉 에서는 율법 아래서 심판을 받았지만(회개의 불가능성), 히브리서 공동체는 새 언약과 심판에 "이르른다". 그 곳에서 새 언약의 중보인 예수로 인해 회개의 가능성을 얻는다. 전경연은 히브리서 저자가 "에서"와 "겔 18:24, 26"을 염두에 두고 있다고 주장한다. 하지만 이 두 주장은 상충한다. 왜냐하면 "에서가 처음부터 의인이었는가?"라는 의문이 들기 때문이다.

불사름이 된다, 다시 말해 그들은 구원에서 배제된다. 히브리서 저자는 "타락한 배교자들"을 하나님의 아들을 십자가에 못박아 현저히 욕을 보인 십자가의 원수로 생각한다. 그리스도의 은혜를 맛보고 성령에 참여하였던 자들이 황제숭배에 참여하는 행위는 하나님의 아들을 십자가에 못박아 현저히 욕을 보이는 행위이다.

저자는 이 같은 강력한 경고를 통해, 히브리서 공동체로부터 "이탈을 시도하려는 멤버들"에게 "타락한 배교자"가 되지 말 것을 일갈(一喝)하고, 히브리서 공동체에 정주(定住)하기를 권고하는 것이다.

제 **4** 장

외부박해와
멜기세덱적 대제사장
예수

1. 신학적 우위확보

히브리서 공동체는 "바리새 유대교의 박해"와 "로마세국의 박해"라는 『이중의 압박』을 받고 있다. 히브리서 저자는 이러한 박해의 상황에서, 바리새 유대교에 대한 신학적 우위확보를 위해 『대제사장 기독론』을 전개시킨다. 특별히 저자는 예수의 대제사장직의 우월성을 논증하기 위해 멜기세덱을 끌어들인다. 히브리서에서 멜기세덱[1]이 처음으로 등장하는 5:5-10단락[2]과

---

1) 신약에서 멜기세덱은 8번 언급되는데, 모두 히브리서에 속한다(5:6, 10; 6:20; 7:1, 10, 11, 15, 17). 히브리서에서 멜기세덱은 5:6에서 최초로 언급된다.

2) 일군의 학자들은 5:1-10단락을 구분한다. G. W. Buchanan, *To The Hebrews: Translation Comment and Conclusion*, 100; W. L. Lane, *Heberews 1-8*, 111; P. E. Hughes, 『히브리서(상)』, 242. 하지만 이는 5:1-4단락이 현재형으로 쓰였고, 5:5-10단락이 단순과거시제로 쓰였음을 무시한 단락구분이다. 시제의 변화(현재형에서 단순과거형)에서도 알 수 있듯이 5:4와 5:5에는 단절이 존재한다. O. Michel, 『히브리서』, 297. 피츠너의 지적대로 5:1-4단락은 한 때 보편적으로 정당한 것으로 행해졌던 것들을 현재시제로 서술하고 있는 반면에 5:5-10단락들은 옛 것을 새것으로 대치시키는데 일어났던 사건들을 기술함에 있어 과거시제를 사용하고 있다. V. C. Pfitzner, 『히브리서』, 110. 5:5-10단락은 단순 과거형으로 표현되고 있다. 셈족의 역사개념에 있어서 "미래"는 보이지 않기 때문에(경험하지 못하기 때문에) 뒤에 있는 것이고, "과거"는 보이기(이미 경험하였기) 때문에 앞에 있는 것이다. 이 같은 언어구조에서, 저자는 옛것을 앞에 놓고 회상하면서 예수의 정체를 밝히려고 한다. 저자는 예수를 기억하면서, 예수의 삶이 바로 앞에 있는 것처럼 강조하고 있다. 히브리서에서는 "왜 성전제의를 나타나는 구절들이 현재형으로 쓰였는가?"에 관해서는, 히브리서의 기록연대를 추정하는 앞의 논의를 참조하라. 린다스는 5:1-10단락의 고전적인 "이중교차배열 구조"를 지지한다. 이에 관해, B. Lindars, 『히브리서의 신학』, 95-96 참고. 린다스에 의해 지지된 웨스트코트(B. F. Westcott)의 이중교차배열 구조

멜기세덱에 관한 성서의 진술과 이를 해석하는 7:1-28은 본 논의에서 중요한 통찰을 준다. 외부적으로 "바리새 유대교"의 신학공격과 내부적으로 이에 동조하는 "친유대주의그룹"이 존재하는 정황 속에서, 히브리서 저자는 『신학적 우위』를 점하기 위해 대제사장에 관한 논의를 시작한다.

레이튼(S. C. Layton)은 히브리서 주석에 있어 논쟁의 주요한 초점은 천사나 사람 등 모든 경쟁자에 대한 그리스도의 우월성을 증명하는 것이라고 지적한다.[3] "바리새 유대교"에 대해서

는 불완전하다. 웨스트코트의 분류에 따르면 a(5:1-2)는 제사장 항목으로 분류되는데, 5:2에 동정에 관한 언급이 있다. 따라서 a(5:2)는 동정항목 b'(5:7-8절)와 교차배열을 이룰 수 있다. 레인 또한 5:1-10단락을 이중교차배열 구조로 파악한다.

  A. 과거의 대제사장직(5:1)
    B. 백성과 대제사장과의 연대(5:2-3)
      C. 대제사장의 인성(5:4)
      C'. 그리스도의 인성(5:5-6)
    B'. 백성과 그리스도의 연대(5:7-8)
  A'. 새로운 대제사장직(5:10)

W. L. Lane, *Heberews 1-8*, 111. 레인의 이중교차분석은 자의적이라는 비난을 면키 어렵다. C'(5:5-6)에서는 예수의 인성뿐만 아니라, 예수의 대제사장직 임명에 대해 명확하게 언급되어있다. 이런 오류는 B(5:2-3)에서도 발견된다. 5:3에서는 연대뿐만 아니라 대제사장의 기능에 대해서도 이야기하고 있다.
3) S. C. Layton, "Christ over His House (Hebrew 3:6) and Hebrew 'the one over the House," *NTS* 37 (1991): 473-477, 인용은 473. 예언자, 천사, 모세, 아론에 대한 예수의 우월성에 대한 자세한 연구로는, P. E. Hughes, "The Christology of Hebrews," *SJT* 28/1 (1985): 19-27. 예수의 대제사장직에 대한 우월성에 대

신학적 우위를 점하고, 바리새 유대교에 심정적으로 동조하고
있는 히브리서 공동체내 "친유대주의그룹"을 설득하기 위한 최
고의 방법은, 그 어떤 것과도 비교할 수 없는『예수의 우월성』
을 밝히는 것이다. 따라서 예수의 우월성은 히브리서 저자의 일
관된 견지이다. 예수는 제 2의 모세도, 제 2의 선지자도, 제 2의
여호수아도, 제 2의 천사장도, 제 2의 멜기세덱도, 제 2의 아벨
도 아니다. 저자는 예수가 선지자보다, 천사[4]보다, 모세[5]보다,

해서는, H. S. Songer, "A Superior Priesthood: Hebrews 4:14-7:28," *RE* 82/3
(1985): 345-359 참조.

4) 키이는 유대교가 후대에 이르러 하나님의 초월성을 강조한 결과 하나님과 그
피조물 사이의 간격을 이어줄 중개자의 개념이 대두했고, 이러한 사변적 흐름
에 기초해 예수를 천사의 위치에 놓으려는 경향이 나타났음을 지적한다. H. C.
Kee,『신약성서의 이해』서중석 역 (서울: 한국신학연구소, 1990 [H. C. Kee,
Understanding the New Testament, Englewood Cliff, New Jersey: Prentice-Hall,
1973]), 472. 애트리지는 당시 유대교 안에서 천사들이 천상의 중개자와 제사
장적 기능을 수행한다는 사상이 널리 퍼져있었음을 언급한다. H. W. Attridge,
"Hebrews, Epistle to the", in *ABD*, vol. Ⅱ. 히브리서 저자는, 천사보다 우월하
신 그리스도에 대한 증언(1:3-14)에서, 천사숭배에 대한 강한 반감을 표현한다.

5) 모세에 대한 예수의 우월성에 대해서는 다음을 참조하라. B. R. Scott, "Jesus'
Superiority over Moses in Hebrews 3:1-6," *BS* 155 (April-June 1998): 201-210;
A. C. Troxel, "Cleansed Once for All: John Owen on the Glory of Gospel
Worship in Hebrew," *CTJ* 32 (1997): 476-477; D. A. Desilva, *Perseverance in
Gratitude: A Socio-Rhetorical Commentary on the Epistle to the Heberews*,
131-132; D. Guthrie, *Hebrews* (Grand Rapids, Michigan: Wm. B. Eerdmans
Publishing Co., 1990), 96; G. W. Buchanan, *To The Hebrews: Translation
Comment and Conclusion*, 57; R. Jewett, *Letter to Pilgrims: A Commentary on
the Epistle to the Hebrews* (New York: The Pilgrim Press, 1981), 49. 특별히
키스트메이커는, 히브리서 저자가 유대인중에 모세보다 더 위대한 사람이 없다
고 생각했기에 모세에 대한 예수의 우월성을 강조한다고 주장한다. S. J.

여호수아보다, 아벨[6]보다, 멜기세덱보다 우월하다고 재차 웅변하고 있다.

저자는 『대조를 통한 설득의 방식』을 택하여 그리스도의 우월성을 논증한다. 저자는 아들의 정체를 인물들(천사, 모세, 대제사장, 멜기세덱 등)과 비교하고, 그리스도의 우월성을 옛 제도(옛 계약, 옛 제물, 옛 제사)를 통해 비교한다. 그리스도의 우월성을 옛 제도와 비교하면서(8:1-10:32), 저자는 그리스도 신앙에 대한 자부심을 히브리서 공동체에게 불어넣고, 그리스도 신앙의 내면화를 촉구한다. 옛 체제(앙시앙 레짐)의 대표적 인물로 모세[7]가 지목되고, 새 체제의 인물로 그리스도가 부각된다. 옛 체제와 새 체제가 비교되는 것이다. 저자는 "비교의 이원론"을 통해, 그리스도의 정체를 해명하는 것뿐만 아니라 예수 그리스도에 대한 믿음을 강조한다. 예수 그리스도에 대한 믿음의 강조에서 양육의 의미를 발견할 수 있고, 공동체의 신앙위기를 추정할 수 있다.

Kistemaker, *Hebrews* (Grand Rapids: Baker Books, 1989), 83.

6) 예수의 피는 의인인 아벨의 피보다 우월하다(12:24)

7) 바리새적 유대교는 율법을 중요시했기에, 율법의 수여자인 모세를 중시했다. 단적으로 말해 바리새적 유대교의 "율법주의"는 모세의 토라를 지키는 일이었다. 이에 대해 히브리서 저자는 모세보다 우월한 예수 그리스도를 논증한다 (3:1-6). 특히 중요한 것은 저자가 예수를, 새로운 모세가 아닌, 제 2의 모세가 아닌, 모세보다 우월한 분으로 선언한다는 것이다. 모세가 하나님의 집에 "종"으로 충성하였다면 예수는 "아들"로 충성한다. 종과 아들의 현격한 차이로, 예수는 모세보다 더욱 큰 영광(δόξης)을 받는다.

창 14:17-20에 대한 저자의 해석이 7:1-28에 전개된다. 저자의 멜기세덱에 관한 논증은, 아브라함의 자손임을 자랑하는 바리새 유대교에게는 일종의 "충격"이다. 멜기세덱은 아브라함을 축복한다. 히브리서 저자가 단언하는 대로 낮은 자(아브라함)가 높은 자(멜기세덱)에게 축복을 받는 것이 당연하다.

멜기세덱은 율법이 이스라엘 민족에게 수여되기 이전에, 즉 십일조가 율례로 적용되기 이전에, 아브라함에게 십일조를 받는다. 멜기세덱과 아브라함의 만남이 있었을 때, 레위는 아직 아브라함의 허리에 있었다(7:5)고 저자는 해석한다. 이를 통해 저자는 레위 계열의 제사장직과 멜기세덱의 제사장직을 비교할 조건조차 만들지 않는다.

또한 저자에게 있어 멜기세덱은 율법을 비판하는 수단이 된다. 왜냐하면 멜기세덱은 율법과는 상관없이 대제사장이 되었기 때문이다. 멜기세덱은 혈통적으론 이방인이며, 그는 율법의 규례를 알지도 못한다(멜기세덱은 율법이전에 존재한 인물이다). 이 충격은 바리새 유대교에만 그치지 않고, 더 나아가 히브리서 공동체내 "친유대주의그룹"에게도 가해지지 않았을까? 이제 멜기세덱을 동원하여 예수의 대제사장직을 논증하는 관련 구절을 고찰해보자.

이와 같이 또한 그리스도께서 대제사장이 되셔서 영광을 스스로 더

하신 것이 아니라(5:5a)

5:4에서 히브리서 저자는 대제사장이 갖추어야 할 자격인 "하나님의 부르심"에 대해서 언급한다. 아론과 같이(καθώσπερ καὶ ᾽Ααρών), 하나님의 부르심을 입은 자가 대제사장이 될 수 있다[8]고 히브리서 저자는 논증한다. 즉 저자는 대제사장이 될 "근거"가 하나님의 부르심에 있음을 선언한다. 하스몬 왕조 때에 전통적인 대제사장 가문들은 권력과 영향력을 잃었다.[9] 따라서 이는 과거 하나님의 부르심보다는 로마 제국에 의해 자의적으로 임명받아 대제사장직을 수행한 안나스와 가야바에 대한 비판이 될 수 있고, 과거 안나스와 가야바 계통의 대제사장

---

8) 브루스는, "이스라엘 최초의 대제사장이었던 아론은 하나님이 임명하셔서 그 직분을 갖게 되었고 아론의 후손은 아니지만 사무엘이 그랬던 것처럼(삼상 6:3 이하) 긴급한 때에 아론 계통의 제사장들과 동일한 중보와 제의 직무를 수행한 다른 사람들도 하나님의 직접적인 부르심에 의한 것"임을 지적한다. 그는 렘 15:1에서 사무엘과 모세가 중보자로 병치되어 있음을 주목한다. F. F. Bruce, 『히브리서』, 172. 사무엘과 모세는 아론 혈통이 아니지만, 하나님과 이스라엘 백성의 중보자로 활동한다는 브루스의 지적은 높이 살만 하지만, 그가 근거로 든 렘 15:1을 통해 사무엘과 모세를 중보자로 파악하는 것은 무리가 있다. 왜냐하면 렘 15:1은 모세와 사무엘이 중보자로 하나님 앞에 설지라도 하나님의 심판을 거둘 수 없음을 나타내는 구절이기 때문이다. 렘 15:1에서 중보자의 기능을 수행하는 사무엘과 모세를 살필 수는 있지만, 그 결과는 참담하다(하나님의 심판의 확정과 중보의 실패).

9) 이에 대해서는 A. J. Saldarini, "The Sadducees and Jewish Leadership," in *Pharisees, Scribes, and Sadducees in Palestinian Society: A Sociological Approach*, 308 참조.

직을 인정했던 현재의 유대교에 대한 간접적 비판이 될 수 있다.

물론 과거 예루살렘 사제계급과 사두개그룹은 예루살렘의 파국이후 유대교의 주도권을 잃었고 현재의 유대교는 바리새 유대교이다. 그럼에도 불구하고 과거 유대교의 정통성을 계승했다고 생각하는 바리새 유대교에게 이것은 비판이 될 수 있다. 왜냐면 예루살렘 멸망이전 유대국가공동체는 "정치 공동체"라기보다는 "제의 공동체"였기 때문이다. 더 직설적으로 이야기하면, 예루살렘 멸망이전 유대교는 성전제의에 전적으로 의존하는 종교였기 때문이다.

이 단락을 통해 "아론계 혈통"이 아닌 "유다계 혈통"인 예수 그리스도[10]의 대제사장직 수행에 아무 문제가 없음을 저자는 예증한다. 이는 또한 예수의 대제사장직을 인정하지 않는 바리새 유대교의 문제제기에 대한 히브리서 저자의 대응이기도 하다.

예루살렘의 대파국 이후 성전제사는 없어졌다. 따라서 대제사장의 존재의미도 사라졌다. 그럼에도 불구하고 히브리서

---

10) "아론의 자손"이었던(눅 1:5) 예수님 어머니의 친척 엘리사벳을 통해 예수님에 대한 레위 집안과의 관계를 확립하려는 시도는 히폴리투스 이전에는 그 흔적을 찾아볼 수 없다. *Ibid.*, 175. 히폴리투스의 이와 같은 시도는 자의적이고, 명백히 유다의 혈통(다윗이 자손)인 예수의 정체를 고려하지 못했다는 비판을 받을 수 있다.

저자가 집요하게 대제사장을 언급하는 이유는 무엇일까? 이 문제는 뒤에서 논의하겠다.

아론도 하나님의 부르심을 받았고, 예수 그리스도도 하나님의 부르심을 받았다는 논증을 통해, 저자는 대제사장이 될 자격이 "혈통"보다는 "하나님의 부르심"에 기인한다고 5:5에서 정언적으로 선포하고 대제사장 논의를 이끌어간다.

5:5에서 하나님은 예수 그리스도를 "아들"로 부르시고, 이어지는 5:6에서는 "대제사장"으로 부르신다. 5:5-6에서는 하나님이 주체가 되어 그리스도의 성격과 지위, 그리고 위치를 설정한다. 하나님의 주도권을 살필 수 있다. 5:5-6의 두 인용구(시 2:7; 110:4[11])는 아들과 대제사장이라는 기독론적 주제를 연결하는 기능을 수행한다.[12] 여기서 주목할 점은 "아들로 부르심"이란 항목은 레위인에게는 해당되지 않는 예수 그리스도가 가진 우월 항목이라는 점이다.

5:5에서는 그리스도에 정관사 o가 붙어있다.[13] 명사에 정관

---

11) "살렘의 왕이자 지존하신 하나님의 제사장이었던(창 14:18; 시 110:1, 4; 히 7:1) 멜기세덱의 한 인격과 범주내에서 왕직과 제사장직의 연합이 있다는 것은 특별히 의미심장하다." P. E. Hughes, 『히브리서(상)』, 249. 시편 110편에서는 왕과 제사장의 역할이 한 사람에게 집중되고 있다. H. C. Kee, 『신약성서의 이해』, 473.

12) H. W. Attridge, *The Epistle to the Hebrews*, 146.

13) 히브리서에는 o Cristo"라는 낱말을 호칭으로 자주 사용한다(3:14; 5:5; 46:1; 9:14, 28; 11:26). 또 그리스도라는 낱말이 정관사 없이 일종의 고유명사로 나오는 경우도 있다(3:6; 9:11, 24). 예수라는 홑이름이 나오는 경우도 많다(2:9;

사 ὁ가 붙으면 이는 유일한 종류의 존재가 된다. 정관사 ὁ를 붙임으로, 저자는 "하나님의 부르심"을 받은 "그" 그리스도를 강조한다. 5:5에는 표현의 미묘한 차이를 발견할 수 있다. ὁ Χριστὸς(5:5)단수 표현과 Πᾶς γὰρ ἀρχιερεὺς(5:1)복수 표현을 살필 수 있다. 휴스의 지적대로, 5:1이 모든 대제사장[14]에 필요한 자질에 대해서 일반적으로 말하고 있지만[15], 휴스는 "모든" 대제사장과 비교되는 "유일한" 그리스도를 포착하지는 못했다. 제사장 된 자의 수가 많은 것은 죽음 때문이다(7:23). 제사장의 수가 많다는 것은 그만큼 불완전함을 나타내기도 한다. 이와 대비되어 영원하고 유일한 그리스도를 저자는 논증한다.

히브리서에서 오직 이 구절에만 나오는 δόξασεν은 영예를 부여한다는 뜻이다.[16] 아론계열의 존귀에 대해 언급할 때, τιμη(4절)가 사용된 것과 대조적으로 본 절의 그리스도와 관련해서는 δόξα의 동사형이 쓰였다. δοξάζω는 "찬양하다", "영화롭게 하다"라는 기본의미를 가진다. 히브리서에서, τιμὴ[17](4절)와

3:1; 4:14; 6:20; 7:22; 10:19; 12:2, 24; 13:12). 바로 이러한 사실에서 우리는 히브리서가 예수의 역사성에 가치를 부여하고 있음을 엿볼 수 있다. O. Michel, 『히브리서』, 297.

14) 한글 개역에는 "모든"이 생략되어 있다.

15) P. E. Hughes, 『히브리서(상)』, 242.

16) *Ibid.*, 303.

17) 호머는 **timh**를 "평가(estimation), 값어치(price), 가치(value), 영예(honor)"의 의미로 사용할 뿐만 아니라, "보상(compensation), 형벌(penalty), 징계(punishment)"의 의미로도 사용하였다. 대체로, 신약에서는 전자의 의미(평가, 값어

달리 δόξα[18] 혹은 δοξάζω[19]는 무엇보다도 신적인 영광과 권능을 표현하는 말이다. 휘브너(H. Hübner)는 단지 timh는 doxa의 한 부분적 의미를 지닌다고 제시한다.[20]

그리스도를 대제사장으로 부르신 하나님은, 그리스도에게 영예를 부여한다. 저자는 그리스도의 영예의 근원이 하나님에게 있음을 강조한다. "영예의 신적 근원"을 밝히는 셈이다. 이는 아론계열 대제사장직의 존귀(τιμή)보다 더 우월한 그리스도의 대제사장직의 영예(δόξα)를 나타낸다. 아론의 대제사장직을 폄하 하는 것은 지금 바리새 유대교에 대한 비판이며, 바리새 유대교의 신학적 공격에 대한 대응이다. 바리새 유대교는 히브리서 공동체의 신앙고백인 "대제사장 예수 그리스도"를 부인하고, "예수의 대제사장직"의 정당성에 의문을 제기한다. 이런 바리새 유대교의 주장의 근저에 흐르는 일관성은 자신들의 "정통성"이다. 이런 정황가운데 히브리서 저자는 예수의 대제사장직의 영광을 누누이 강조한다. 아론계열 대제사장직에 대한 존귀보다

치, 가치, 영예)로 사용되었다. H. Hübner, "τιμη," in *EDNT*, vol. Ⅲ, 357-358.

18) 신약에서 δόξα는 대다수 신적 영광을 나타내는 표현으로 사용되었다. 이에 관해서는, H. Hegermann, "δόξα," in *EDNT*, vol. Ⅰ, 345. δόξα는 히브리서 1번 사용되는데(13:21) 예수 그리스도의 영광을 나타낸다. 특별히 요한복음서에서 신적인 영광을 사용하는 표현으로 δόξα와 δοξάζω가 43회나 쓰였다. 이에 관한 주요연구로는, 서중석, 『복음서 해석』, 335-355, 특히 335-341.

19) 신약에서 δοξάζω의 지배적인 용법은 하나님의 영광과 관련된다. H. Hegermann, "δόξα," in *EDNT*, vol. Ⅰ, 345.

20) H. Hübner, "τιμη," in *EDNT*, vol. Ⅲ, 357-358.

우월한 예수의 대제사장직의 영광을 밝힘으로, 히브리서 저자는 바리새 유대교에 대한 신학적 우위를 확보할 수 있다.

예수 그리스도의 대제사장직의 영광과 관련하여, 인용문을 이끄는 5:5b(ὁ λαλήσας)과 5:6(καθὼς λέγει)은 하나님에 대한 경외감을 불러일으킨다[21]는 미헬의 지적은 주의를 끌만하지만, 미헬은 "왜 하나님에 대한 경외감을 불러일으키려 하는가?"라는 저자의 의도에 대해서는 해명하지 않았다. 저자는 그리스도의 대제사장 되는 영예의 신적 근원과 정통성을 밝힘으로, 하나님에 대한 경외감을 그리스도에게 부여한다. 더 나아가 예수 그리스도의 대제사장직에 대한 정통성은 히브리서 공동체의 정통성이 된다. 이를 통해 예수의 대제사장직의 정통성을 부인하는 "바리새 유대교"에 대해 일격을 가하고, 그에 동조하는 히브리서 공동체내 "친유대주의그룹"을 설득하려는 저자의 이중의도를 조심스럽게 짐작할 수 있다.

이제 논의의 진전을 위해, 예수의 대제사장직과 멜기세덱[22]의 관계를 나타내는 주요한 구절들을 살펴보자. 예수의 대

---

21) *Ibid.*
22) 쿰란문서인 11Q멜기세덱과 히브리서의 멜기세덱을 연관시키는 것은 무리가 있다. 히브리서의 멜기세덱은 예수의 그것과 비견될 만한 영원한 제사장이다. 또 히브리서에는 11Q멜기세덱을 특징짓는 군사적이거나 심판자적인 이미지의 흔적이 없다. 마지막으로 11Q와 다르게, 히브리서는 멜기세덱에 대한 성서적 증거에 직접적으로 호소한다. G. L. Cockerill, "Melchizedek or 'King of Righteousness," *EQ* 63:4 (1991): 305-312.

제사장직과 멜기세덱의 대제사장직을 논의할 때 반드시 짚고 넘어가야 용어는 τάξιν[23]이다. τάξιν과 관련된 주요구절들을 제시해보면 다음과 같다.

또한 그는 다른 곳에서 "너는 영원히 멜기세덱의 방식을 잇는 제사장이다(σύ ιJερεύ" εις" τὸν αιςώνα κατὰ τὴν τάξιν Μελχισέδεκ)"고 말씀하셨습니다(5:6).

하나님에 의해서 멜기세덱의 그 방식(τάξιν)을 잇는 대제사장이라 일컬음을 받으셨습니다(5:10).

왜냐하면 "너는 영원히 멜기세덱의 방식(τάξιν)을 잇는 제사장이다" 라고 증언되었습니다(7:17).

εἰς τὸν αἰῶνα는 부사로도(영원히) 해석이 가능하고, 형용사로도(영원한) 해석이 가능하다. 그러나 5:6과 7:17에서 εἰς τὸν αἰῶνα를 형용사로 해석하면, "영원한 제사장"(ἱερεὺς εἰς τὸν αἰῶνα)이 아닌 "영원한 멜기세덱"으로 오역되어 원래의 뜻을 오도할 가능성이 크다. 따라서 본 논문에서는 "영원히"로 번역하겠다.

τάξιν은 이들 문맥에서 "서열"이 아니라 "상태"나 "방식"으

---

23) τάξιν은 신약에서 모두 7번(고전 14:40; 골 2:5; 히 5:6; 5:10; 6:20; 7:11; 7:17) 사용되었는데, 히브리서에서만 5번 사용되었다.

로 번역되어야 한다.[24] "반차" 혹은 "서열"로 번역하게 되면 멜기세덱이 그리스도보다 먼저 제사장으로 선재(先在)[25]했고, 그리스도에 대한 멜기세덱의 우월성으로 이해될 수 있다. 이는 다른 항목[26]들과 예수 그리스도를 비교하여 예수 그리스도의 독보적 우월성을 강조하는 히브리서 저자의 관점과 대치될 수 있다. τάξιν을 "방식"으로 번역하면 이 모든 난제들이 해결된다. 저자는 아론 계열의 제사장보다 우월한 그리스도의 영원한 대제사장직을 비교하는 도구로 멜기세덱을 끌어들인다. 이것에 대한 조경철의 주장은 좋은 통찰을 준다.

> 아론의 계통에 따라서 대제사장으로 임명된 이스라엘의 대제사장들은 율법이 지시한 대로, 혈통에 따라서 대제사장이 되어 제사를 집행한다. 그러나 멜기세덱을 제사장으로 말하는 창세기 14장은 율

---

24) 조경철, "서동수 교수의 히브리서의 대제사장 기독론에 대한 논평", 『신약논단』 9/2 (2002): 547-553, 특히 550.

25) 린다스는 히브리서에서 예수의 선재사상이 거의 사용되지 않았거나, 사용했더라도 아주 제한된 의미에서 사용했을 것이라고 추측한다. B. Lindars, 『히브리서의 신학』, 62. 린다스의 첫 번째 추측은 모호하다. 예수의 선재성은 1:1-4단락에서 창조와 더불어 강조되고 있다. 이에 관해, D. A. Desilva, *Perseverance in Gratitude: A Socio-Rhetorical Commentary on the Epistle to the Heberews*, 86-87; G. Strecker, *Theology of the New Testament*, 605-620, 특히 610.을 참조하라. 더 나아가 히브리서 저자가 예수의 선재사상을 전제하고 히브리서의 논지를 전개할 가능성도 배제할 수 없다.

26) 선지자보다 우월한 그리스도(1:1-3), 천사들보다 우월한 그리스도(1:4-2:18), 모세보다 우월한 그리스도(3:1-6), 레위인의 제사장직보다 우월한 그리스도의 대제사장직(4:14-10:18).

법이 주어지기 이전이면서 또 그에 관해 말하는 시편 110:4는 그 율법에 관해서 전혀 말하지 않고 오히려 "하나님의 맹세"를 말한다.... 멜기세덱은 영원한 대제사장 예수의 서열상의 "원조"가 아니고 "방식에 있어서 유사한 모형"에 지나지 않는다.[27]

이 같은 조경철의 고찰은 멜기세덱의 난해함을 어느 정도 해소한다 할지라도, 조경철은 시 110:4의 "여호와의 맹세"(하나님의 맹세)가 멜기세덱에 대한 것이 아니라 제사장과 왕이 될 메시야에 대한 것임을 간과했다. 또 그는 "멜기세덱의 대제사장직"과 "예수의 대제사장직"의 차이점에 대해 침묵하고, 예수 그리스도가 멜기세덱보다 우월한 점이 무엇인지 언급하지 않는다. 멜기세덱의 대제사장직과 예수 그리스도의 대제사장직의 차이점은 무엇인가? 멜기세덱보다 예수 그리스도가 우월한 점은 무엇인가?

이 문제는 $\epsilon \grave{\iota}\varsigma$ $\tau \grave{o}\nu$ $\alpha \grave{\iota}\hat{\omega}\nu\alpha$[28]를 분석함으로 해결될 수 있다. $\alpha \grave{\iota}\hat{\omega}\nu\alpha$와 같은 어군인 $\alpha \grave{\iota}\omega\nu \acute{\iota}ου$(9:14; 13:20)는 시작 혹은 끝이 없

---

27) 조경철, "서동수 교수의 히브리서의 대제사장 기독론에 대한 논평", 『신약논단』 9/2 (2002): 547-553, 인용은 550.
28) ei" ton aiwna가 영원을 의미하지 않고 천상적 대제사장의 시대는 임시적으로 제한되어 있다는 쉴러(J. M. Scholer)의 이례적 주장을 고찰해보자. J. M. Scholer, *Proleptic Priest: Priesthood in the Epistle to the Hebrew*, 84, 특히 각주 3. 이같은 쉴러의 주장은 예수 그리스도의 영원하고 온전한 속죄와 구원 (5:9; 9:15; 13:20)를 강조하는 히브리서 저자의 의도와 명백히 상치된다. 또한 그리스도의 대제사장직은 천상적이든 지상적이든 어떤 이유로도 제한될 수 없다.

는 영원을 나타낸다. 발쯔(H. Balz)에 따르면, 헬라적 구문인 αἰώνιος는 영원한 차원의 시간을 언급하는데 사용되었고, αἰώνιος은 신적(God or gods) 속성을 나타내는데 사용되었다.[29] 예수 그리스도는 "영원히 대제사장[30]"이다. 또한 그리스도는 어제나 오늘이나 영원토록 동일하신 분이다(13:8). (영원하게) 하나님의 부르심에 의한 예수의 대제사장직은 영원하다. 오히려 멜기세덱은 이 예수의 대제사장직을 따르는 것이다. 멜기세덱의 모형으로 예수가 부각되는 것이다. 왜냐하면 예수의 대제사장직은 영원한 것이기 때문이다. 결정적으로 중요한 사실은 저자가 『멜기세덱과 같은 대제사장』아닌 『멜기세덱적(的) 대제사장』으로 예수를 설명한다는 것이다.[31] 이를 확인하기 위해 멜기세덱에 관한 진술 7:1-3[32]을 살필 필요가 있다.

---

29) H. Balz and G. Schneider, "αἰώνιος," in *EDNT*, vol. I , 46-47.
30) 몬테피오레는 그 자신 외에 계승자가 없기 때문에 예수가 영원한 대제사장이 된다고 주장한다. H. W. Montefiore, *The Epistle to the Hebrews*, 97.
31) "멜기세덱의 방식을 잇는" 대제사장(혹은 제사장)이라는 표현은 기능적인 중복표현이다. 이러한 중복표현은 무엇보다 예수와 멜기세덱의 유사함을 강조하는 역할을 한다.
32) 엘링워쓰는 1절에서 3절까지 각각의 주제를 잡고 분류한다. 1절-창세기의 멜기세덱, 2절-멜기세덱과 아브라함, 3절-멜기세덱의 위대함으로 그는 주제를 분류한다. P. Ellingworth, *The Epistle to the Hebrews*, 354-357. 그러나 엘링워쓰의 주제분류는 자의적이라는 비난을 피하기 어렵다. 엄밀히 말해 2절의 항목은 1절에 포괄될 수 있으며, 3절은 4절 이후의 제목으로 설정하는 게 논리적이다.

이 멜기세덱은 살렘의 왕이며 지극히 높으신 하나님의 제사장입니다. 그는 여러 왕들을 죽이고 돌아오는 아브라함을 만나 그를 축복하였습니다. 그래서 아브라함이 그에게 모든 것들 중에서 십분의 일을 나누어주었습니다. 그의 이름은 먼저는 의의 왕으로 해석되며, 그 다음에는 살렘의 왕으로 해석됩니다. 그는 평강의 왕입니다. 아비도 없고 어미도 없고 족보도 없고 시작한 날도 없고 생명의 끝도 가지지 아니한 그는, 하나님의 아들과 "거의 비슷하게" (ἀφωμοιωμένος) "항상" 제사장으로 있습니다.

린다스는 저자가 멜기세덱에 관한 역사적 진술을 할 의도를 가지지 않았다고 주장한다.[33] 그러나 린다스의 주장은, 창세기에 근거한 멜기세덱과 아브라함이 만났던 역사적 사건을 진술하는 히브리서의 본문(7:1-2b)과 명백히 상치된다. 7장에서 저자는 멜기세덱과 아브라함이 만났던 역사적 사건을 진술하고 이 사건을 해석하고 있다. 히브리서 저자는 아브라함에 대한 멜기세덱의 우위를 밝힘으로 또한 레위계열의 제사장직에 대한 멜기세덱의 제사장직의 우월성을 전개한다. 아브라함과 멜기세덱이 만났을 때 레위는 아직 아브라함의 허리에 있었음을 기억해야 한다. 이에 대해 피츠마이어(J. A. Fitzmyer)는 창 14:20c (MT, LXX)에서 누가 누구에게 무엇을 주었는지 명확하게 제시되지 않았음에도 불구하고, 히브리서 저자가 아브라함이 멜기세덱에게 소유물의 십분의 일을 준 것으로 해석하는 것은 레위

---

33) B. Lindars, 『히브리서의 신학』, 111.

자손의 사제직에 대한 멜기세덱의 사제직의 우월성을 보여주기 위함이라고 제시한다.[34] 피츠마이어의 진술을 통해서, 히브리서 저자가 구약을 단지 "인용"하는 차원에 머물지 않고 복음적 지평 아래서 "해석"하고 있음을 살필 수 있다.

저자는 살렘(Σαλήμ)의 지리적 의미[35]에서 신학적 의미로 비중을 옮겨온다. 저자는 "멜기세덱은 제사장이다"라는 선언으로 이야기를 시작한다. 저자는 예수의 이야기를 위해 제사장이라는 표현을 끌어들인다. 왜 저자는 예수를 대제사장으로 진술해야 했을까? 이에 대해 린다스는 교회공동체에 생기는 문제점을 해결하기 위해서라고 대답하고, 저자가 구약의 열등한 제사방식을 따르지 않는 대제사장 되신 예수를 등장시켜, 지었던 죄의 문제 그리고 앞으로 지을 죄의 문제를 해결 하려한다고 제시한다.[36] 히브리서 공동체 안에는 구약적 영향을 강력하게 받았던 친유대주의 그룹이 있었다. 저자는 이들을 제압하기 위해 제사장이라는 개념을 끄집어내 예수의 정체를 규명하고 예수를

---

34) J. A. Fitzmyer, "Melchizedek in the MT, LXX, and the NT," *Biblica* 81 (2000): 63-69, 67-68.

35) 미헬은 "살렘의 왕"이란 표현에 대해 시 76:2을 근거로 예루살렘의 옛 이름이라고 주장한다. 또한 그는 유대교와 초대 기독교 전승들이 예루살렘이 실제 멜기세덱의 거주지였다고 가정함을 언급한다. O. Michel, 『히브리서』, 358. 쾨스터(C. R. Koester) 또한 아브라함이 예루살렘 안에 있는 "왕의 벌판"에서 멜기세덱을 만났다고 주장한다. C. R. Koester, *Hebrews* (New York: Doubleday, 2001), 341.

36) B. Lindars, 『히브리서의 신학』, 93.

높이려고 하는 것이다. 예수의 대제사장직을 높이기 위한 수단으로 멜기세덱이 사용되는 것이다.

이제 7:1-3에 묘사된 멜기세덱을 분석해 보자. 첫째로 멜기세덱은 살렘의 왕이다. 살렘(Σαλήμ)은 말 그대로 예루살렘을 떠오르게 한다. 둘째로 멜기세덱은 "지극히 높은 하나님의 제사장"이다. "하나님의 제사장"(ἱερεὺς τοῦ θεοῦ τοῦ ὑψίστου)이라는 진술은 멜기세덱의 제사장직이 세습이 아님을 강조한다. 하나님이 특별히 임명한 제사장이라는 측면에서 멜기세덱은 예수와 유사하다. 셋째로 멜기세덱은 "축복하는 자"이다. 멜기세덱은 아브라함을 축복할 수 있는 아브라함보다 우월한 존재이다. 넷째로 멜기세덱은 아브라함의 "십일조"(δεκάτη)를 받는다. 십일조를 받음으로 멜기세덱의 우월적 지위는 가시적, 물질적으로 재확인된다. 또한 십일조를 받는다는 것으로 제사장의 지위를 확실시하게 된다.

7:1에서 멜기세덱은 아브라함을 축복했다. 축복은 말을 통해 하는 것이다. 여기서 "보이지 않는 말"을 통해 멜기세덱의 우월성이 나타남을 살필 수 있다. 7:2에서는 보이는 물질적인 "십일조"를 통해 멜기세덱의 우월성이 나타난다.

린다스는, 저자가 "아비도 없고 어미도 없고" 단락에 필로가 사용했던 랍비적인 해석원리를 적용한다고 지적한다. 린다스는 랍비적인 해석원리를 "성경에서 언급되지 않은 것은 존재하지 않는 것으로 간주하는 것"이라고 설명한다.[37] 린다스의 주장은 7:3의 난해함을 덜었다는데 긍정적인 평가를 받을 수 있지만, 린나스는 "아비도 없고 어미도 없다"는 것이 "계보가 없다"는 것을 의미함을 파악하는 데까지는 나아가지 못했다. "아비도 없고 어미도 없다"는 것은 레위계열 제사장직이 가진 것과 같은 계보(족보)를 멜기세덱은 가지지 않았다는 것을 의미한다. 따라서 7:3에서는 멜기세덱과 레위계열과 단절을 살필 수 있고 율법적 레위의 사제직과 비율법적 멜기세덱의 사제직의 대조를 살필 수 있다. 또한 "계보가 없다"라는 표현은 자신의 권위를 조상에게 소급시키지 않고 그것을 후손에게 물려주지 않는 독특성을 나타내는 진술이다. 이 독특성은 예수[38]에게 절충된다.

저자가 예수의 대제사장직을 멜기세덱을 이용하여 설명하

---

37) *Iibd.*, 111. 브루스는 침묵의 논법이 주로 랍비적 성서해석 방식을 말하는 것으로 성서에 기록되지 않은 것들을 적절히 해석하는데 유용하게 쓰임을 지적한다. 이에 대해서는, F. F. Bruce, *The Epistle to the Hebrews*, 156-160 참조. "아비도 없고 어미도 없다"라는 표현은 구약에 멜기세덱의 아버지에 대한 기록이 없고, 어머니의 기록(출생)도 없고, 족보에 대한 기록도 없고, 생명의 마지막에 대한 기록도 없다는 것을 의미한다. 멜기세덱에 관한 기록이 창14장에만 한정되어 있는 것에 비해, 하나님의 아들인 메시야에 대한 기록이 구약에 산재해 있다. 이점에서 예수와 멜기세덱의 차이는 확실하다. 그렇다면 멜기세덱이 하나님의 아들과 "거의 비슷한" 이유는 무엇일까? 멜기세덱과 하나님의 아들의 유사점은 "중재하는 왕적 대제사장"이라는 점에 있다.

38) 폴(M. J. Paul)은 7:14을 언급하면서, 예수가 혈통을 가지고 있지만 그것을 필요로 하지 않는다고 지적한다. M. J. Paul, "The Order of Melchizedek(Pa 110:4 and Heb 7:3)," *WTJ* 49 (1987): 195-211, 특히 205.

는 의도는 다음과 같이 분명하다. 예수의 대제사장직을 레위계로 설명하면 레위계의 한계를 예수도 가지게된다. 따라서 저자는 예수의 대제사장직을 멜기세덱을 통해 설명함으로, 레위계의 한계를 극복하려는 것이다. 예수의 십자가 사건은 예수의 제물 됨을 이야기한다. 저자는 제사장이라는 말을 통해 십자가에서 피 흘리신 예수를 증폭시킨다. 저자는 예수의 독특한 제사장직을 통해 결국 유대교적 제의와 제도를 극복하려는 것이다.

이를 통해 그 어떤 대상보다도, 예수의 우월성을 여전히 견지하는 저자의 일관됨을 볼 수 있다. 그의 일관된 견지는 예수의 우월성이 "과거·현재·미래"(εἰς τὸν αἰῶνα)에 있어 영원하다는 것이다. 저자는 그리스도 신앙에 대한 자부심을 히브리서 공동체에게 피력하고 이 우월한 그리스도 신앙의 내면화를 신앙공동체에게 요구한다.

ἀφωμοιωμένος는 "같이"[39] 보다는 "거의 비슷하게"로 해석하는 것이 문맥의 흐름상 더 적절하다. 는 수동분사로 표현되어 있다. 거의 비슷하다는 것과 같다는 것은 차이가 있다. 거의 비슷하다는 것은 동등하다는 것은 아니다. ἀφωμοιωμένος는 『본질적 유사성』이 아닌 『기능적 유사성』을 강조한다. 멜기세덱과 예수의 유사성은 오직 "제사장직"에 대한 것뿐이다. 히브리서 저자는 결코 예수의 인격이 멜기세덱의 인격과 유사하다고 언급하지 않

---

39) 표준새번역의 "그는 하나님의 아들과 같아서"는 부적절한 번역이다.

는다. 특히 예수와 멜기세덱의 대제사장직의 유사성은 "왕적 대제사장직"(Royal-Priesthood)이라는 데 있다.

루크(D. W. Rooke)는 히 7장에서 가장 중요한 것은 그리스도의 제사장직을 위한 모델로써, 저자가 왕권을 가진 멜기세덱을 선택한 것임을 강조한다.[40] 그에 따르면 멜기세덱의 상은 그리스도의 제사장직을 설명하기 위한 수단으로 히브리서 저자에 의해 사용되었다.[41]

따라서 멜기세덱의 제사장직은 기능적으로 예수의 영원한 (αἰών) 왕적 제사장직을 따르고 있기 때문에, 아들과 "거의 비슷하게"(ἀφωμοιωμένος) "항상"(εἰς τὸ διηνεκές) 아론 계열과는 다른 제사장의 유형이 되는 것이다. 7:15은 "**taxin**"을 "ὁμοιοτης"로 표현하고 있다.[42] 여기서 멜기세덱의 대제사장과 예수의 대제사장을 비교하는 데 있어 난해한 7:15의 문제로 눈을 돌려보자.

> 멜기세덱의 그 유사함(ὁμοιότητα)을 잇는 별다른 한 제사장이 일어나서 더욱 분명해졌습니다.

---

40) D. W. Rooke, "Jesus as Royal Priert: Reflection of the Interpretation of the Melchizedek Tradition in Heb 7," *Biblica* 81/1 (2000): 81-94, 인용은 83.

41) *Iibd.*, 89.

42) R. Bergmeier, "τάξιν," in *EDNT*, vol. Ⅲ, 333.

제4장 외부박해와 멜기세덱적 대제사장 예수 **127**

ὁμοιοτης는 일차적으로 "비슷한"(likesness), "유사한" (similarity)의 의미를 가진다. 또 이 단어는 "합치"(agreement)의 의미를 지니기도 한다. ὁμοιότητα는 히브리서에서 단 두 번(4:15; 7:15) 사용되었다. 4:15에서는 "우리와 한결같이 시험을 받은 자"로 번역된다. 즉 ὁμοιότητα가 합치의 의미로 사용된 것이다. 그러나 7:15에서는 "합치"(같은)의 의미보다는 "유사한"으로 번역하는 것이 문맥에 적절하다. 왜냐하면 히브리서 저자는 아론계열과도 다르고 멜기세덱의 대제사장직보다도 우월한 예수 그리스도의 대제사장직의 독특성을 강조하고 있기 때문이다. 따라서 본 논문에서는 예수 그리스도의 대제사장직의 독특성을 나타내는 "별다른 한 제사장"에 집중해서 ὁμοιότητα[43]를 "유사한"으로 해석하겠다.

ἕτερος는 "상이한"(different), "둘 가운데 다른"(other), "둘 이상 가운데 다른"(another)이 뜻을 지닌다. 본 문맥에서는, 저자가 레위 계열의 제사장직과 멜기세덱의 대제사장직을 비교하면서 예수의 대제사장직의 우월성을 전개하기 때문에, "둘 이상 가운데 다른"(another)으로 번역하는 것이 적절할 것이다. 멜기세덱 방식과는 유사하지만(멜기세덱적 대제사장 예수, 기능적 유사성), 멜기세덱과 다르고, 레위 계열의 방식과도 다른, 별다른(another) 제사장이 일어났음을 알 수 있다. 예수는 "하나님의

---

43) 개역성경은 "ὁμοιοτης"를 "같은"으로 번역하고 있다. "같은"보다는 "비슷한"으로 번역하는 것이 더 적절할 것이다.

아들"(5:5)인 대제사장이다. 아론과 멜기세덱은 영원히 하나님의 아들로 부르심을 받을 수 없다. 또한 "단번에" "자기 자신을" 제물(9:28)로 드린 예수 그리스도의 헌신을 아론과 멜기세덱은 결코 따라 올 수 없다. 특별히 저자는 율법의 형식을 따르지 않는 예수의 제사장직을 거듭 강조하고 있다.

저자는 5:7-9에서 멜기세덱이 가지고 있지 않는 또 다른 항목들을 예수 그리스도가 가지고 있다고 논의를 발전시킨다. 예수 그리스도의 우월 항목은 "눈물과 통곡의 기도와 간구", "하나님 경외하심을 인해 들으심을 얻음", "고난으로 순종함을 배우심", "온전하심"으로 순차적으로 배열된다.

예루살렘 성전이 멸망하고, 성전 제의가 사라진 상황에서, 대제사장의 존재는 무의미하다. 그럼에도 불구하고, 히브리서 저자가 집요하게 대제사장을 언급하고 "대제사장 기독론"을 전개하는 이유는 무엇일까? "대제사장 기독론"과 바리새 유대교에 대한 "신학적 우위"와는 어떤 관련이 있을까?

예루살렘 성전의 멸망으로 대제사장을 통한 속죄가 불가능하게 되었을 때 바리새 유대교가 등장한다. 그러나 예루살렘 성전이 폐허가 되고 성전제의가 불가능하게 되었을지라도 여전히 제의적 사고는 많은 사람들에게 영향을 미치고 있었다. 몬테피오레는 상당수의 디아스포라 유대인들이 희생제의를 통해서 유익을 얻는다는 정서에 익숙해져 있음을 제시한다.[44] 미헬의 경우, 제의적 사고에 대해 다음과 같이 개진(開陣)한다.

> 유대교의 제사제도는 결코 완전히 폐지되지 않았다.... 유대인들이
> 사적으로 줄곧 희생제사를 드렸다는 사실은 율리아누스의 한 메모
> 로부터 밝혀졌던 것 같다.... 랍비들이 제사제도의 대체와 관련된
> 논의를 하였음에도 불구하고 "유대교는 성전건물보다 제사에 의존
> 하고 있었다"는 것은 매우 중요한 역사적 사실이다. 성전은 그 같은
> 제사행위를 거행하는 데 적합한 장소에 불과했다는 것도 중요한 사
> 실이다.... "우리는 주후 70년 이후에 유대교적 제사행위가 거행되
> 었으리라는 가능성을 끝까지 고려하지 않으면 안 된다" 어쨌든 제
> 사를 마땅히 드려야 한다는 생각은 결코 소멸되지 않았다.[45]

또한 미헬은 개인적으로 희생제사를 드린 것을 기록한 랍
비자료를 제시하면서 자신의 주장을 강화하고 "구약성서의 제
의에 대한 논쟁"이 유대교와 그리스도교의 결별이 이미 이루어
졌음을 나타낸다고 주장한다.[46] 이 같은 미헬의 견해는 설득력
있게 받아들여진다.

히브리서 공동체는 바리새 유대교와 "구약성서의 제의"에
대한 논쟁을 하고 있다. 저자는 바리새 유대교의 갈등 속에서
"멜기세덱의 양식을 따르는, 영원한 대제사장 기독론"을 전개한

---

44) H. W. Montefiore, *A Commentary on the Epistle to the Hebrews* (Rome: Editrice Pontificio Istituto Biblico, 1989), 244.
45) O. Michel, 『히브리서』, 78-79.
46) *Ibid.*, 80.

다. 이는 예수 그리스도의 대제사장을 인정하지 않고, 대제사장은 아론의 혈통이어야만 정당성을 가진다고 공격하는 바리새 유대교에 대한 대응이다.

저자가 "대제사장 기독론"을 전개하는 이유는, 바리새 유대교에 대한 신학적 우위를 점하기 위해서이다. 성전멸망으로 유대인들은 성전에서 대제사장을 통한 속죄 제사를 지낼 수 없게 되었다. 이 같은 정황 속에서 히브리서 저자는 새로운 패러다임의 속죄신학을 전개한다. 위에서 언급한 대로 예루살렘 성전이 멸망했을지라도 유대인들에게 예루살렘 성전과 그 제의가 최근의 경험으로 효력이 있었을 것이다.[47] 저자는 예수의 정체를 멜기세덱을 끌어들여 "영원한 대제사장"으로 규명한다. 이 예수는 바로 히브리서 공동체를 위해 중보하는 존재이다. 바리새 유대교는 대제사장을 소유하지 못하는 반면 히브리서 공동체는 영원한 대제사장을 소유한다. 바리새 유대교가 가장 취약하다고 느끼는 것은 대제사장을 소유할 수 없다는 것이다. 이 취약점을 히브리서 저자는 비집고 들어가는 것이다. 뉴스너의 지적대로 성전파괴에 대한 기독교의 대안은 완전한 대제사장이신 예수 그리스도가 궁극적이고도 완전한 산 제물이 되었기 때문에 옛 의식은 더 이상 필요하지 않게 된 것이다.[48]

---

47) 이와 관련하여, M. E. Isaacs, "Priesthood and the Epistle to the Hebrews," *HJ* 38 (1997): 51-62, 특히 53.

제의 중심적이었던 과거 유대교와 현재의 율법중심의 바리새 유대교는 뚜렷한 차이를 보인다. 과거 제의 중심적인 유대교에 대한 저자의 언급은 현재의 율법 중심의 바리새 유대교의 정통성을 약화시키는 수단이 될 수 있다. 바리새 유대교는 제의를 과거와 같이 정식적으로 정기적으로 실행할 수 없을 뿐만 아니라, 대제사장을 소유하지도 못하고 있다. 무엇보다도 율법과 규례를 명시하고 있는 레위기(1:1-10:20)에서도 "하나님께 나아가는 길"을 "제사"로 한정하고 있다. 히브리서 저자는 이를 집중적으로 부각시킴으로, 현재 바리새 유대교와 과거 제의적 유대교와의 "연속성"을 약화시키고, 현재 바리새 유대교의 "정통성"에도 타격을 가하는 것이다.

히브리서 저자는 "대제사장 예수가 한번에 드린 속죄제사가 영원한 효력을 가지고 있음"을 강조한다.[49] 무엇보다도 히브리서 공동체는 "대제사장 예수"를 소유한다. 이런 측면에서 바리새 유대교보다는 히브리서 공동체가 오히려 "더 정통성"을 확보할 수 있다.

여기서 잠시 바리새 유대교의 율법[50]에 대해 생각해보자.

---

48) J. Neusner, "The Pharisees in History", in *From Politicd to Piety: The Emergence of Pharisaic Judaism*, 146.
49) 피츠너는 "단번에"와 "영원토록"을 통해, 저자가 그리스도 사역에 대한 이중적 진술을 하고 있다고 지적한다. 피츠너의 지적대로, 각기 영속적인 복음의 위안과 확신을 제시해 주고 있는 이 두 가지 국면은 "단번에"와 "영원토록"이라는 히브리서 기자의 두 가지 캐치워드에 집약되어 있다.

유대교는 정통성의 근거로 율법을 내세운다. 앞서서 언급했듯이 제의의 상위 개념으로 율법을 상정할 수 있다. 이에 반해 히브리서 저자는 율법의 불완전함(7:19a; 10:8; 8:7)을 주장하며 토라를 대신하는 새로운 언약(8:8-13)을 제시한다. 히브리서 공동체는 새 언약을 소유한다. 저자는 제의 제도의 구심점이었던 성전의 멸망했듯이, 제의의 상위개념인 율법도 언제 소멸할지 모른다고 반증하는 것이다. 비록 제의의 상위개념이 율법일지라도 옛 언약에 속해있기 때문에 사라질 수 있다는, "옛 계약의 유한성"을 저자는 논증하는 것이다. 히브리서 저자는 8:7에서 불완전함이 있었다는 것을 ἦν(was)이라는 미완료 동사를 사용하고 있다. 미완료는 과거의 반복되거나 계속된 동작을 나타낸다. 저자는 "첫 번째 것(πρώτη ἐκείνη)의", 즉 "율법의" 불완전함이 반복되고 계속되고 있다고 강조하는 것이다.

레위 계열 사제직의 약점은 과거 바벨론 포로기간 중 제의를 지내지 못했다는 것이다. 왜냐면 그들은 "날마다"(7:27) 제사를 드려야 했기 때문에, 외적의 침입이나 성전의 멸망 등과 같은 외부의 상황에 따라 제사를 드릴 수 없는 제한적인 약점을

---

50) 애트리지는 8:8이하의 도입부는 율법에 대한 초기의 비판적 논제와 형식을 모두 회상시킨다고 주장한다. 또 애트리지는 첫 번째 것이 결합이 없었다면 다른 것이 도입될 이유가 없었다는 히브리서 저자의 표현을 언급하면서 이 같은 히브리서 저자의 표현은 율법의 비효용성을 구약을 통해 추론한 것이라고 지적한다. H. W. *Attridge, The Epistle to the Hebrews*, 226-227.

가지고 있었다. 또한 레위 계열 사제직의 결정적 약점은 죽는다
는 것이다.

> 그리고 한편으로 그들이 더 많은 제사장으로 있게 된 것은 죽음으
> 로 그 직무를 계속할 수 없었기 때문입니다(7:23).

레위 계열51)이 수효가 많다는 것은 불완전함을 뜻한다. 무
엇보다 레위 계열의 제사장들은 죽음을 피할 수 없다. 이와 달
리 히브리서 공동체의 "영원한 중보자 대제사장 예수"는 십자가
에서 자신을 제물로 드리는 "단 한번의 속죄 제사"(7:27; 9:26;
10:10)52)를 통해, 자기에게 순종하는 모든 자에게 영원한 구원

---

51) 본 저서에서 레위계열과 아론계열은 서로 같은 의미이다. 레위계열과 아론계
열을 동일시할 수 있는 근거로 7:11을 들 수 있다. 7:11에서 히브리서 저자는
레위계열과 아론계열을 같은 것으로 인식한다. 호베리(W. Horbury)는 마카비
후서 3에 나오는 제사장들의 동정과 대표성을 길게 언급한 다음, 예수가 4:15
에서 시험을 당했듯이 신 33:8에서 레위는 맛사와 므리바에서 시험을 당하였
다는 묘사를 언급하고 또 예수의 자비롭고 충성된 대제사장직은 모세가 레위
를 축복하는 장면에서 나온 묘사와 가깝다고 주장한다. W. Horbury, "The
Aaronic Priesthood on the Epistle to the Hebrew," *JSNT* 19 (1983): 43-69, 특
히 64-66. 호베리의 이 같은 주장은 히브리서 저자가 레위계열의 제사장직을
예수의 대제사장직보다 열등하게 보는 관점과 명백히 대치된다. 히브리서 저
자는 "레위계열의 제사장직"을 폐기될 옛 율법에 속한 열등한 것으로 여긴다.
52) "ἐφάπαξ"(단번에)는 히브리서에서 굉장히 중요한 개념이다. ἐφάπαξ는 두 가지
의미를 가진다. 첫째는 법적 의미로 단번에 죄 사함을 받았다는 것을 의미하
고, 둘째는 제의적 의미로 단번에 제단에 바쳐지는 것을 의미한다. 다시 말해
ἐφάπαξ는 범한 죄를 법적으로 무효화하는 것을 의미하기도 하지만, 죄를 온
전히 극복하는 것을 의미하기도 한다.

의 근원(5:9)이 되셨다. 예수 그리스도의 십자가 사건과 예수 그리스도의 제물 됨을 통한 속죄는, 결국 유대교 제의제도를 극복할 수 있는 대안이 되는 것이다. 따라서 히브리서 공동체는 과거 유대교가 겪은 실수를 반복하지 않는다. 또한 대제사장을 소유하지 못한 바리새 유대교보다 "대제사장 예수 그리스도"를 소유한(8:1)53) 히브리서 공동체가 우월하다

엘링워쓰(P. Ellingworth)는, 과거 대제사장은 종종 그리스나 로마의 통치자들에 의해 임명되어졌고, 그래서 아론 계열 제사장들은 종종 대제사장직을 놓고 경쟁하였음을 언급한다.54) 엘링워쓰는 "대제사장은 어떤 인간의 권위로 세워지는 것이 아닌 하나님의 권위에 의해 세워져야 한다"는 생각을 히브리서 저자가 견지하고 있음을 밝힌다.55) 저자는 이와 같은 역사적 경험

---

53) "Κεφάλαιον δὲ ἐπὶ τοῖς λεγομένοις, τοιοῦτον ἔχομεν ἀρχιερέα, ὃ ἐκάθισεν ἐν δεξιᾷ τοῦ θρόνου τῆς μεγαλωσύνης ἐν τοῖς οὐρανοῖς"(이제 말하여지는 것들 중에서 중요한 것은 우리가 하늘에 있는 위엄의 보좌 우편에 앉아 계신 그러한 한 대제사장을 가지고 있다는 것입니다.) : 여기서 히브리서 저자는 "우리가 지금 가지고 있다"(ἔχομεν)는 현재시제를 사용함으로, "대제사장의 현재적 소유"를 강조한다. 쥬웨트(R. Jewett)는 "우리가 그러한 대제사장을 가지고 있다"는 점이 히브리서 저자가 말하고자 하는 중요한 점이라고 이해한다. R. Jewett, *Letter to Pilgrims: A Commentary on the Epistle to the Hebrews*, 132. 레인 역시 히브리서 저자가 강조하는 것이 "예수가 천상의 성소에서 사역하는 제사장"이라는 점과 "기독교인들이 하나님의 우편에 앉으신 대세사장을 가진다"는 점이라고 제시한다. W. L. Lane, *Heberews 1-8*, 204. 엘링워쓰는 1:3의 주체가 아들로서의 예수인 반면, 8:1의 주체는 대제사장으로서의 예수라고 밝힌다. P. Ellingworth, *The Epistle to the Hebrews*, 399.
54) P. Ellingworth, *The Epistle to the Hebrews*, 40-41.

을 인식하고, 아론 계열의 "제한적 신적 임명"과 예수의 "확실한 신적 임명"을 대조한다. 저자는 예수의 신적 임명을 확실히 하기 위해 구약적 지지본문(시 2:7; 110:4)을 인용한다. 이 결과 예수는 아론계열보다 우월한 대제사장이 된다.

여기서 논의를 발전시켜 "아론계열의 약점"이 아닌 역사적 인물 "아론의 약점"을 추적해보자. 역사적 아론의 치명적 약점은 무엇인가? 그것은 다름 아닌 "아론의 우상숭배"이다. 출 32장은 모세가 시내 산에 올라간 틈을 타, 아론이 금송아지를 만들고 이스라엘 백성들과 함께 우상숭배를 했다고 고발한다. 아론의 금송아지는 하나님에 대한 패역함과 불충함의 상징이다.

저자는 예수의 대제사장직의 우월성을 확고히 하기 위해, 멜기세덱을 끌어들여 아론 계열의 대제사장직과 비교한다. 아론 계열의 레위인들은 "율법과 혈통"에 의해 대제사장직에 임명되었지만, 멜기세덱은 "혈통과 율법과는 상관없이", "율법 이전"에 대제사장으로 존재했다. 또한 멜기세덱은 왕이며 제사장이다. 히브리서 저자는 멜기세덱에게 "지극히 높으신 하나님의 제사장"(히 7:1)이라는 칭호를 부여한다. 히브리서에서 이러한 칭호는 결코 아론계열에게는 부여되지 않는다. 이를 통해 아론 계

---

55) *Ibid.* 휴스 또한 "그러한 사람들은 로마 정부에 의해 임명은 받았을지라도 하나님에 의해 임명받은 것은 아니다"라고 주장한다. P. E. Hughes, 『히브리서 (상)』, 247.

열 대제사장직에 대한 멜기세덱의 우위를 살필 수 있다.

아론 계열이 제한적으로 대제사장직을 수행했다면, 멜기세덱은 아들과 "항상"(εἰς τὸ διηνεκές) 대제사장으로 비슷한 기능을 수행한다. 멜기세덱이 아론 계열 대제사장직에 대해 갖는 우위는, 그리스도의 대제사장직의 우월성을 강조하는 역할을 한다. 왜냐하면 멜기세덱의 대제사장직은 그리스도의 대제사장직의 형식(τάξιν)과 유사하기 때문이다. 그러나 그리스도의 대제사장직은 멜기세덱의 대제사장직에 대해 우월하다. 이유는 그리스도의 대제사장직은 "하나님의 맹세"(7:20-21; 시 110:4)에 근거하기 때문이다. 또 멜기세덱이 "하나님의 제사장"(7:7)이라면 예수 그리스도는 "하나님의 아들"이기 때문이다. "하나님의 아들"이라는 칭호(5:5; 시 2:7)는 멜기세덱이 결코 가질 수 없는 항목이다. 아울러 예수는 자기 자신을 제물로 드려 단번에 속죄를 이룬 대제사장이며, 부활한 대제사장이다. 자기 스스로 제물된 헌신과 단번에 드린 제사의 영원한 효력은 예수의 대제사장직을 더욱 더 우월하게 만든다.

위에서 대제사장 기독론을 통한 히브리서 공동체의 바리새 유대교에 대한 신학적 우위확보를 살펴보았다면, 이 단락에서는 로마 제국에 대한 신학적 우위확보를 연구해보자. 이를 위해서는 히브리서의 『로마적 배경』(Roman Context)를 살피는 것이 유용하다. 히브리서의 대제사장 기독론은 히브리서 공동체의 거시 사회를 이루었던 로마황제의 신정일치(神政一致)와 연관이 있다. 앞의 논의에서 살펴보았듯이 예수의 멜기세덱적 대세자장직은 "왕적 대제사장직"이다. 다시 말해 히브리서에 따르면 예수는 "하나님의 아들"이며, "왕"이며, "대제사장"이다. 그러하기에 히브리서의 예수 고백이 가지는 정치적 함의는 『예수의 신정일치』를 의미한다.

히브리서 저자가 침묵으로부터 주장하고 있는, 로마 황제에 대한 왕적 대제사장 예수 그리스도의 우위성을 살펴보자. 로마 황제에 대한 예수의 우위성은, "로마 황제의 신정일치"에 대한 히브리서 공동체의 "예수를 통한 신정일치"의 우위성으로 표현할 수 있을 것이다. 무엇보다 먼저 로마 황제는 자칭 신의 아들이지만, 예수 그리스도는 하나님이 "낳은", "참 아들"이다(1:5; 5:5b).

다만 그에게 "너는 내 아들이다. 오늘날 내가 너를 낳았다(υἱός μου εἶ σύ ἐγὼ σήμερον γεγέννηκα σε)" 고 말씀하신 이가 그렇게 하셨습니다(5:5b).

또한 그는 다른 곳에서 "너는 영원히 멜기세덱의 방식을 잇는 제사장이다"고 말씀하셨습니다(5:6).

저자는 시 2:7의 말씀[56]을 인용하고 있다. 이는 "다윗의 후손"으로 태어날 메시야 증빙 구절로 인용되는 성구이다. 5:5b와 5:6에 인용된 시편 2편과 110편은 제왕시편57)이다. 시 2:7에 대해, 피츠너는 이것은 이스라엘의 지상 왕에게 주어진 하나님의 말씀이며, 무엇보다 선재하신 하나님의 아들에게 주어진 말씀이라고 주장한다.58) 시 2편은 메시야에 대한 기대로 가득 차 있다. 메시야는 "왕"(2:6)으로 묘사되고, "아들"(2:7)로 선포된다. 제왕시편인 시110편은 "제사장"과 "왕"이 될 메시야에 대해서 진술하고 있다. 시 2편에서는 "왕"과 "아들"의 통합이 일어나고, 제왕시편인 시 110편에서는 "제사장"과 "왕"의 통합이 일어난다. 저자는 시 110편을 통해 『다윗과 예수 사이의 연속성』을 확보한다. 다윗은 이스라엘의 왕이며 메시야의 예표적인 인물이다. 5b절에서 예수의 정체가 "하나님의 아들"로 규정되고, 구속사적 관점에서 다윗과의 연속성을 통한 "왕"으로 암시된다.

사울은 제사장 대신 희생제사를 드린다(삼상 13:2-10). 이것이 하나님에 대한 불순종이 되었고 심지어 사울은 그의 나라

---

56) 이 인용은 예수의 세례, 예수의 변형, 예수의 부활과 관련하여 다른 신약 저자들에 의해서도 사용된다. R. M. Willson, *The Century Bible Commentary: Hebrews*, 96.

57) 제왕시편을 드실바(D. A. Desilva)는 이스라엘 왕위 즉위식 때 불렸던 노래이며, 왕과 하나님과의 관계를 송축하는 찬송시로 파악한다. D. A. Desilva, *Perseverance in Gratitude: A Socio-Rhetorical Commentary on the Epistle to the Heberews*, 96.

58) V. C. Pfitzner, 『히브리서』, 111.

가 길지 않을 것이라는 멸망의 예언까지 받게 된다. 이와 대조적으로 다윗은 언약궤가 예루살렘에 들어왔을 때, 춤을 추고 제사를 드리지만(삼하 6:14-18) 다윗은 어떤 책망도 받지 않는다.[59] 제사장직을 수행한(왕상 3:3-4) 다윗의 아들, 솔로몬은 자신이 드린 일천번제를 통해 책망보다는 오히려 축복을 받게된다. 요약하자면 사울 왕의 신정일치는 하나님의 분노를 일으켰지만, 다윗과 솔로몬의 신정일치는 하나님의 축복을 받는 통로가 되었다.

저자는 시 2:7을 통해, 다윗과의 연속성 속에서 예수는 왕과 대제사장을 동시에 겸임할 수 있음을 암시적으로 밝히고 있다.[60] 또한 시편의 인용을 통해 저자는 예수 그리스도를 "아들"로 부르시는 하나님의 강한 의지를 표현한다.

5:5b를 그레코 로만(Greco Roman)적으로 읽어보면 하나님이 "낳은" 왕적 대제사장 예수의 신성(하나님의 아들 됨)과 인간이 "만든" 로마 황제의 신성이 대립을 살필 수 있다. 즉 그리스

---

59) 이에 관해서는 뷰캐넌의 견해를 참고하라. G. W. Buchanan, *To The Hebrews: Translation Comment and Conclusion*, 94-95.

60) 린다스는 "왕적 메시야"와 "제사장적 메시야"를 구분하면서, 저자가 "제사장적 메시야"를 인지하지 못하고, 저자가 한 사람에게 두 메시야의 기능이 결합되는 것에 대해 침묵한다고 주장한다. B. Lindars, 『히브리서의 신학』, 101. 이같은 린다스의 주장은 명백히 오류이다. 린다스는 왕과 대제사장직이 통합되어 있는 인물 멜기세덱을 간과했다. 히브리서 저자는 두 메시야의 기능이 결합되는 것을 멜기세덱을 통해 선포하고 있다(7:1). 멜기세덱의 형식을 잇는 예수 그리스도에게 왕직과 대제사장직의 통합이 일어난다.

도는 하나님의 아들로 창조된 것이 아니라(선왕을 신으로 추앙함으로 스스로를 신의 아들로 만든 로마 황제들과는 달리) 하나님으로부터 나셨다. 어떤 존재가 낳는 것은 같은 종류에 속한 것이다. 인간은 인간을 낳고, 하나님은 하나님을 낳는다. 로마황제들이 자신들의 선왕을 신으로 추앙해서 자신을 신의 아들로 간주했지만 그러나 그들은 그들의 선왕과 마찬가지로 "인간의 아들"일 뿐이다.

두 번째로, 로마 황제에 대한 왕적 대제사장 예수 그리스도의 우위는 "주권(왕권)과 통치영역"에서도 나타난다. 로마 황제가 히브리서 공동체의 거시 사회에 있어 현실적 왕이라면, 예수 그리스도는 초월적 왕이다. 로마 황제는 인간이기에 죽음을 피할 수 없기 때문에 그의 왕권은 죽음에 종속되는 제한된 왕권인 반면, 예수는 사망의 권세를 이기고 부활하셨기에 영원한 주권을 수행할 수 있다.

로마 황제의 통치영역이 지중해를 둘러싼 땅이라면, 그리스도의 통치 영역은 우주이다. 그리스도는 부활하셔서 하나님 보좌 우편에 앉으셨다(1:13; 8:1; 10:12-13; 12:2). "하나님 보좌 우편에 앉았다는 것"(12:2)은 지상에서의 부재를 의미하는 것이 아니다. 하나님은 온 우주에 계심으로 예수가 하나님 우편에 앉았다는 것[61]은, 예수가 하나님과 더불어 온 우주에 계시다고 생

---

61) "여호와께서 내 주에게 말씀하시기를 네 원수로 네 발등상이 되게 하기까지

각할 수 있다. 고대로부터 우편은 권위의 대행을 의미하였다. 그러하므로 하나님 보좌 우편에 앉았다는 것은 우주를 통치하시는 하나님의 권위의 대행을 의미하기도 한다. 예수가 만물의 주관자로서 우주를 통치한다면, 로마 황제는 로마의 주관자로서 로마를 통치할 뿐이다. 아들의 주권 "그 영원성"과 "그 의로움"을 히브리서는 다음과 같이 기록한다.

> 아들에 관하여는 하나님이여 주의 보좌가 영영하며 주의 나라의 홀은 공평한 홀이니이다 네가 의를 사랑하고 불법을 미워하였으니 그러므로 하나님 곧 너의 하나님이 즐거움의 기름을 네게 부어 네 동류들보다 승하게 하셨도다 하였고 또 주여 태초에 주께서 땅의 기초를 두셨으며 하늘도 주의 손으로 지으신 바라 그것들은 멸망할 것이나 오직 주는 영존 할 것이요 그것들은 옷과 같이 변할 것이나 주는 여전하여 연대가 다함이 없으리라 하였으나(1:8-12)

미헬은 높이 올려짐, 자기과시, 통치권의 제정과 관련된 동방의 보좌등극송가의 형태가 1:5-14단락에 나타남을 지적한다.[62] 그에 따르면, 이 단락에서 중시되어야 할 것은 아들이며

너는 내 우편에 앉으라 하셨도다"(시 110:1). 시 110편은 히브리서에 광범위하게 인용되고 있다(1:13; 8:1; 10:12-13; 12:2). 예수의 승귀와 관련하여, 린다스는 부활이 서신에서 전혀 언급되지 않고 있다고 주장한다. B. Lindars, 『히브리서의 신학』, 65. 린다스의 이 같은 단언은 히브리서에 부활이 전제되어 있음을 고려할 때 정당성을 상실한다.
62) O. Michel, 『히브리서』, 161.

(1:5), 하나님이며(1:8-9), 주(1:10)인 그리스도의 삼중적 지위이다.[63] 다시 말해, 그리스도는 실제로 하나님(θεός)이고 세상의 주(κύριος)이고, 그리스도는 "하나님"(θεός)과 "주"(κύριος)로서 영원토록 지배하는 분이다.[64] 이 같은 미헬의 주장은 1:5-14단락에서 예수가 실제로 하나님이고 주라는 것을 명시하고 있음을 밝혀냈지만, 그는 히브리서의 로마적 정황을 살피는 데까지 나가지 못했다. 로만 콘텍스트에서 예수에게 적용 된 "주"(κύριος)라는 칭호의 중대성을 인식해야 한다. 파커(F. O. Parker)에 따르면, 티베리우스(주후 14-37)는 "신의 아들" 혹은 "신"으로, 칼리굴라(주후 37-41)는 "주" 혹은 "새로운 신"으로, 네로(주후 54-68)는 "주"와 "신"으로 불려졌다.[65] 베스파시안(주후 69-79)은 신적 영예를 받아들이는 것을 생전에 거부했음에도 불구하고, 비문들은 그를 "주" 그리고 "신"으로 호칭한다.[66] 김선정은 *Kyrios Kaisar*는 황제 제의에 있어서 공식적인 호칭이며, 주라는 칭호는 황제 제의에서 중요한 용어로 맨 처음 아우구스투스에게 주전 12년부터 적용되기 시작하여 그후로 주후 1세기 중반에 황제 제의에서뿐만 아니라 황제를 지칭하는 말로 널리 사용

---

63) *Ibid.*
64) *Ibid.*, 164.
65) F. O. Parker, "Our Lord and God' in Rev 4:11", *Bib* 82/2 (2001): 207-231, 인용은 214-217.
66) *Ibid.*

되었음을 지적하며 주 카이사르(*Kyrios Caesar*)와 주 그리스도 (*Kyrios Christos*)의 대립을 고찰한다.[67] 그녀에 따르면, 1세기 그리스도인들은 황제에게 주어졌던 모든 이름들이나 칭호들 (주, 구세주, 신의 아들) 등을 "신성모독"으로 간주했다.[68]

이 단락에서도 주 카이사르(*Kyrios Caesar*)의 왕권과 주 그 리스도(*Kyrios Christos*)의 주권을 비교할 수 있다. 그리스도의 의롭고 영원한 주권과, 불의하고 제한적인 로마의 왕권의 대조 를 유추할 수 있다. 예수 그리스도의 대제사장직은 멜기세덱적 대제사장직이다. 멜기세덱에 관해 증언하는 7:2b을 살펴보자.

> 그의 이름은 먼저는(πρῶτον μὲν) 의의 왕으로 해석되며, 그 다음에 는(ἔπειτα δὲ) 살렘의 왕으로 해석됩니다. 그는 평강의 왕입니다.

멜기세덱은 먼저는(πρῶτον μὲν) "의의 왕"이요 다음으로는 (ἔπειτα δὲ) "평화의 왕"이다. 의와 평화가 구분되는 이 진술은 굉장히 신학적인 표현이다. 단도직입적으로 말해, 의가 평화보 다 우선하며, 정의 없는 평화는 위선에 불과하다는 것을 히브리 서 저자는 명시하고 있는 것이다. 신약성서에 오직 유일하게 멜 기세덱에 관해 이야기하는 히브리서를 인지하고, 7:2b을 그레코

---

67) 김선정, 『요한복음서와 로마황제숭배』, 51-64.
68) *Ibid.*

로만적으로 읽으면 로마 황제와 멜게세덱의 비교를 볼 수 있다. 왜냐하면 로마 황제와 멜기세덱 둘 다 신정일치(神政一致)의 인물이기 때문이다. 더 나아가 이 같은 비교는 황세와 예수의 비교로 향하게 된다. 본 연구는 히브리서의 저작 연대를 도미티안 황제의 기간으로 상정하였다. 그리스도인에게 있어서든 로마의 시민들에게 있어서든, 도미티안은 의의 왕도 아니고 평화의 왕도 아니었고, 자신을 신으로 추앙하도록 폭력을 행사한 황제였다.[69] 7:2b의 평화를 로만 콘텍스트(Roman Context)에서 읽으면, 로마의 평화(*Pax Romana*)를 연상할 수 있다. 로마의 평화는 외부적으로는 안전을 보장하는 것처럼 보였으나, 피지배국에 있어서는 로마 제국에 대한 복종을 담보로 한 폭력적 성격을 가졌다.[70] 이를 통해 로마 평화의 폭력성과 기만성을 파악할 수 있다. 도미티안이 히브리서 공동체 위에 억압하고 군림하는 왕이라면, 그리스도는 히브리서 공동체를 위해 헌신하고 희생하는 왕적 대제사장이다. 도미티안이 자유를 부여하기보다는 자유를 빼앗는 왕이라면, 그리스도는 죄에서 자유케 하사 진정한 구원을 주는 왕이다. 그리스도의 십자가 사건, 즉 그리스도가 제물 됨과 동시에 대제사장 되어 이룬 속죄는, 히브리서 공동체에게 생명을 부여하고 온전한 구원(5:9)을 이루게 한다.

---

69) 도미티안은 사후 로마의 국가 종교에 공식적으로 신으로 등록되지 못하였다.
70) 김선정, 『요한복음서와 로마황제숭배』, 147.

로마 황제에 대한 예수 그리스도의 세 번 째 우위는, "신학 우위적 표상"에서 살필 수 있다. 예수 그리스도의 영광을 1:3a 은 다음과 같이 진술한다.

이는 하나님의 영광의 광채시요(ὃς ὢν ἀπαύγασμα τῆς δόξης) 그 본체의 형상이라

영광(δοξα)은 신으로 숭배되는 황제의 표상이기에, 로만 콘텍스트의 독자들에게 매우 익숙한 단어였다.[71] 앞에서 언급했듯이 δοξα는 무엇보다 신적 영광과 권능을 표현하는 단어이다. 예수의 영광(δοξα)을 읽는 독자들은 당연히 로마 황제의 영광(δοξα)을 떠올릴 것이다. 영광을 스스로 더한, 즉 자기 스스로가 자기 자신에게 준 로마 황제의 영광(δοξα)과, 하나님께서 친히 아들 된 예수에게 준 영광(δοξα)을 독자들은 인식할 수 있다. 그리스도만이 하나님의 영광의 광채 시며, 하나님의 본체인 하나님(神)이다.

위의 논의들을 통해서, 멜기세덱을 이용하여 로마의 신정일치에 대한 신학적 우위를 확보하려는 저자의 의도를 살펴보았다. 예수의 왕적 대제사장직이 로마의 신정일치에 대한 저항의 기제(機制, device)로 작용했다면, 이 고백이 담고 있는 反로

---

71) *Ibid.* 148 참조.

마적 성격을 예의 주시할 필요가 있다. 로마의 통치(로마 황제의 신정일치)는 히브리서 공동체에게 단지 "이차적 현실"에 불과하다. 히브리서 저자는 히브리서 공동체에게 있어 "일차적 현실"인 예수 그리스도의 중보와 이를 통한 히브리서 공동체의 속죄를 강조한다. 다시 말해 로마의 황제제의로는 절대로 속죄를 얻을 수 없고, 로마의 "황제제의" 즉『국가종교제의시스템』으로는 하나님께 나가지 못한다. 오히려 로마의 황제제의는 하나님 앞에서 우상숭배로써 하나님의 진노의 대상이다. 대제사장 예수 그리스도를 통한 히브리서 공동체의『새로운 속죄제의시스템』이 로마의 황제숭배를 통한『국가종교제의시스템』보다 우월하다. 그러므로 히브리서 공동체는 그 당대의 희생제사체제를 거부한 것이다.

2. 고난 감내

예수의 대제사장직을 규명하고 예수에 대한 믿음을 강조하는 저자의 의도에서, 박해정황에 직면해 있는 "히브리서 공동체"와 "공동체의 신앙위기"를 추정할 수 있다. 히브리서 저자는 바리새 유대교와 로마 제국의 이중 박해의 정황 속에서『고난 감내』를 권고하기 위해 "예수의 고난과 승귀"를 언급한다. 미헬의 지적대로 본 서신은 "고난의 신학적 의미와 고난의 길을 걸을 수밖에 없는 불가피성"을 항상 되풀이하여 말한다. 예수의 모습은 고난에 의해 부각되고 있다(2:9; 5:7-10; 10:5-7; 12:2-3).[72] 5:7은 신앙 고백적 특색을 가진다. 이제 "예수의 고난과 승귀"를 압축해서 표현하고 있는 5:7-9[73]를 주석하며 그 의미를 고찰해 보자.

그는 육신으로 계시던 날들 가운데, 그를 죽음으로부터(ἐκ θανάτου) 구원할 수 있는 분을 향해 격렬한 외침과 눈물로 간구와 탄원들을 올리셨고, 그의 경외하심 때문에(ἀπὸ τῆς εὐλαβείας) 그의 말은 들으심을 받았습니다.

---

72) O. Michel, 『히브리서』, 108.
73) 5:7의 εἰσακουσθεὶς앞에 부정어(οὐκ)를 놓음으로 8a절(καίπερ ὢν υἱ Jός)과 연결시키려는 하르낙의 시도가 있었다. 이에 관해서는, H. W. Attridge, *The Epistle to the Hebrews*, 152; R. M. Willson, *The Century Bible Commentary: Hebrews*, 98 참고. 하르낙은 경외심(εὐλαβεία)을 죽음 앞의 불안, 두려움으로 이해했고 또 전치사 ἀπὸ는 히브리어 מן(out of)의 뜻으로 읽었다. 전경연, 『히브리서 주석과 신학』, 192. 하르낙이 구성한 대로 5:7-8을 번역하면 다음과 같다. "비록 아들일지라도 그를 죽음에서 보존해 주실 수 있으며 불안으로부터 들어주시지 않는 분 앞에 간구와 탄원을 올린 그리스도는 그의 고난을 통하여 순종을 배우셨다." *Ibid.* οὐκ를 삽입하여 해석을 시도한 하르낙의 주석은 윌슨의 비판대로 문제를 더더욱 피상적으로 만들고, 히브리서 저자가 οὐκ를 삽입하여 수정했다는 것을 지지할 근거도 없다. R. M. Willson, *The Century Bible Commentary: Hebrews*, 98. 하르낙의 οὐκ를 삽입 한 것은 자의적 해석이라는 비판을 면키 어렵고 문맥에도 어긋난다. "들어주시지 않는 분"앞에 간구와 탄원을 올릴 이유가 없다.

"그는 육으로 계실 때에"라는 구절은 그리스도의 역사적 실존을 우회적으로 표현한 것이다. 이런 표현은 헬레니즘 세계의 성서 독자들에게 익숙한 것이었다.[74] 개역성경은 ὃς ἐν ταῖς ἡμέραις를 "그는 육체에 계실 때"로 번역했다. 이와 같은 개역성경의 번역보다는 "그는 육신으로 계시던 날들 가운데"로 번역하는 것이 보다 원문에 가까운 번역이라 하겠다. 왜냐하면 여기서 ἡμέρα는 명백하게 "날", "하루"를 의미하기 때문이다. "때"보다는 "날"이 보다 구체성을 가진다. 때는 추상적인 기간을 의미할 수 있기 때문이다. 히브리서 저자는 예수 그리스도가 살아있던 "날들"을 세세히 살피려고 한다.

히브리서 저자는 예수의 인성을 이같이 표현함으로, 그가 5:1에서 대제사장의 조건이 인간 됨이라고 밝힌 전제를 예수에게 충족시킨다. 또 5:7은 예수의 하나님 공경이 어떤 차원에서 이뤄지고 있는지 세세하게 묘사하고 있다.

5:7에서는 그리스도의 인성이 생생하게 묘사된다. 그러나 그리스도의 연약함은 죄에 대한 약함이 아니다. 예수는 충분히 인간의 슬픔(그의 추종자들에게 노출된 박해)을 공유할 수 있다는 것을 의미한다.[75]

린다스는 5:7이 겟세마네 전승을 배경으로 한다고 주장한

---

74) O. Michel, 『히브리서』, 304.
75) H. W. Attridge, *The Epistle to the Hebrews*, 148.

다. 린다스는 "육체에 계실 때"를 겟세마네에서의 예수의 내적 투쟁[76]으로 제한한다. 미헬은 이 구절에서, 히브리서 저자가 부각시키고자 한 것은 겟세마네의 시련이라고 단정짓는다.[77] 애트리지(H. W. Attridge)는 십자가에서의 수난을 포함한 겟세마네의 경험을 떠오르게 한다고 주장한다.[78] 린다스와 미헬, 그리고 애트리지 등의 주장은 저자가 겟세마네의 기억을 가지고 있음을 밝혀내는데 의의를 주지만, 보다 확장된 예수의 역사적 생애를 포착하는데는 실패했다는 아쉬움을 남긴다. 일군의 학자들[79]이 5:7에서 히브리서 저자가 부각시키려는 예수 그리스도의 수난을 겟세마네로 한정시키는 가장 큰 이유는, "격렬한 외침과 눈물", "간구와 탄원"을 제한적으로 해석했기 때문이다.

뷰캐넌(G. W. Buchanan)은 5:7이하 단락을 겟세마네를 포함한 예수의 고난에 근거한다고 주장한다.[80] 그의 주장은 어느 정도 타당성이 있지만, 5:7이하 단락을 "예수의 고난"에 한정시켰다는 비판을 받을 수 있다. "격렬한 외침과 눈물"의 "간구와

---

76) B. Lindaes, 『히브리서의 신학』, 97.
77) O. Michel, 『히브리서』, 304.
78) H. W. Attridge, *The Epistle to the Hebrews*, 148.
79) B. Lindaes, 『히브리서의 신학』, 97; O. Michel, 『히브리서』, 304; T. Hewitt, 『히브리서 주석』 정일오 역 (서울: 기독교문서선교회, 1982), 110-111; H. W. Attridge, *The Epistle to the Hebrews*, 148; H. W. Montefiore, *The Epistle to the Hebrews*, 97. "이 상태는 의심할 여지없이 그리스도의 겟세마네 동산의 상태이다." P. E. Hughes, 『히브리서(상)』, 250.
80) G. W. Buchanan, *To The Hebrews*, 98.

탄원"은 비단 겟세마네에서만 예수님이 보여주신 행동이 아니다. 일 예로 겟세마네뿐만 아니라 십자가상에서도 예수는 "격렬한 외침"의 "기도"를 올리셨다(마 27:45-16, 50; 막 15:33-34; 눅 23:34).[81] 또 예수는 예루살렘을 보시고 우신다(눅 4:41). 뿐만 아니라 기도하는 예수의 모습은 사복음서 여러 본문에서 드러난다. 또 윌슨의 지적대로 "심한 통곡과 눈물"이라는 동일한 문구가 복음서의 겟세마네 해당 단락에서 언급되지 않음을 기억해야 한다.[82]

이런 점에서 5:7이하 구절은 겟세마네의 기도나 골고다 사건 같은 개별적인 사건에 대한 묘사가 아니라 예수 그리스도의 전 생애에 대한 진술로 받아들여야 한다. 무한한 하나님이 유한한 인간이 되셨다는 것 자체가 이미 고난이기 때문에 "예수의 지상적 삶 전체"를 포착해야 한다. 나아가 그 지상적 삶 자체가 "고난"으로 점철되어 있음도 간과해서는 안 된다. 바리새 유대교와 로마 제국의 박해 정황 가운데, 히브리서 저자는 예수의 고난에 집중한다. 대제사장인 예수는 인간적인 연약함을 가졌

---

81) 밀리건은 "겟세마네 동산에서 그의 고통이 시작되어 십자가상에서 더 큰 고통으로 끝난 그의 최종적인 수난을 특별히 언급하고 있다"고 주장한다. R. Milligan, 『히브리서』 차원봉 역 (서울: 태광출판사, 1982), 182. 밀리건이, 비록 겟세마네에 예수의 고난을 한정하지 않고 십자가까지 확장했다고 할지라도, 그는 여전히 확장된 예수의 지상적인 고난에 대해서는 인지하지 못하고 있다.

82) R. M. Willson, *The Century Bible Commentary: Hebrews*, 97.

던 분이기에(4:14-16), 연약한 인간들을 진정으로 이해할 수 있다. 또한 그분은 박해에 직면했고 십자가의 수난을 당한 분이시기에 진정한 중보자가 될 수 있고, 영원한 구원의 근원이 될 수 있다. 히브리서 저자에게 예수의 고난 감내는 예수의 승귀를 위한 필연적인 예비단계이다.

공동체의 구성원들이 응답되지 않는 기도와 시련에 직면하게 될 때, 그들은 그들의 대제사장도 같은 방법으로 시험을 당하셨음83)을 기억해야 하고, 하나님의 경외함으로 인해(ἀπὸ της εὐλαβείας)84) 예수가 영화롭게 되듯이 그들 역시 영화롭게 될 것

---

83) *libd.*, 183.
84) 5:7의 해석의 난점에 대한 문제제기는 다음을 참고하라. J. Swetnam, "The Crux at Hebrew 5:7-8", *Bib* 81 (2000): 347-348. ἀπό της εὐλαβείας에서 전치사 ἀπο는 두 가지로 해석이 가능하다. "~로부터(מן)"로 번역될 수 있고, 이유를 밝히는 전치사 "~때문에" 로 번역할 수도 있다. 어느 쪽으로 번역해야 하는가를 선택하기 위해서는 εὐλαβείας를 살펴야 한다. εὐλαβεία는 "두려움" 또는 "경외심"을 나타낸다. 먼저 εὐλαβεία를 "두려움"으로 이해하면, "두려움으로부터(מן) 들으심을 받았다" 혹은 "두려움 때문에 들으심을 받았다"로 번역할 수 있다. 몬테피오레는 εὐλαβεία를 두려움(from fear)으로 이해하고, "(죽음의) 두려움으로부터 자유 하도록 들으심을 얻었다"로 해석한다. H. W. Montefiore, *The Epistle to the Hebrews*, 99. 이에 대해, 윌슨(R. M. Willson) 은 몬테피오레가 "예수가 고난으로부터 순종함을 배웠다"는 구문을 생략해서 해석했다고 비판한다. R. M. Willson, *The Century Bible Commentary: Hebrews*, 98-99. 윌슨의 비판은 고려할만하지만, 그는 예수가 인성을 가졌다는 점에 주목하지 못했다. 몬테피오레의 주장대로 "예수가 죽음의 두려움으로부터 자유함을 얻었다"면 예수는 진정한 인성을 가질 수 없다. 인간에게 있는 죽음에 대한 두려움을 가지지 않으면, 예수는 진정으로 인간의 연약함을 가질 수도 없고, 동정할 수도 없다. 이 단락에서 연약과 동정은 대제사장의 자격조건으로 언급되고 있다(5:2). 따라서 동정할 수 없으면 대제사장이 될 수 없다.

이라는 소망을 품어야 함을 저자는 이 단락에서 강조하고 있다. 또한 저자는 그들의 대제사장인 예수가 박해와 고난을 기도로 준비했던 것같이, 기도로 박해를 준비하라는 메시지를 공동체에게 전하는 것이다.

그는 아들일지라도(καὶ ἐρῶν υἱός) 그가 받으신 고난 때문에 순종을 배우셨습니다(5:8).

예수 그리스도가 "배웠다"(μανθάνει)는 이야기는 신약성서

이는 저자가 예수를 대제사장으로 논증하는 이 단락과 상충된다. 따라서 ἀπό τῆς εὐλαβείας를 "두려움으로부터"로 해석하는 것은 적절치 못하다. 만일 ἀπό τῆς εὐλαβείας를 "두려움 때문에"로 번역하면, 어떤 두려움이냐라는 문제가 제기된다. "죽음에 대한 두려움"이냐 아니면 "신적 두려움"이냐 결정해야 한다. "죽음에 대한 두려움 때문에" 하나님께 응답 받았다기보다는 "신적 두려움(fear of God) 때문에" 하나님께 응답 받았다는 해석이 문맥상 적절하다. 왜냐하면 후자의 해석이 보다 매끄럽기 때문이다. "신적 두려움"은 "경외심"으로 표현할 수 있다. εὐλαβεία(경외심) / εὐλαβεῖσθαι(두려워하다, 조심스럽다) / εὐλαβής(경건한, 종교적인) 이란 낱말 그룹이 있다. εὐλαβείας는 5:7을 둘러싸고 "하나님 경외"란 번역에 가깝다. 신약성서에는 그 낱말 그룹이 누가문서와 히브리서에만 나타난다. 그때 모든 곳에서 "하나님 경외"로 해석할 수 있다. 전경연, 『히브리서 주석과 신학』, 194. εὐλαβεία는 신약성서에서 히 5:7; 12:28에만 나오며, εὐλαβεῖσθαι라는 동사는 히 11:7에 εὐλαβής라는 형용사는 누가의 저작에만 나온다(눅 2:25; 행 2:5; 8:2; 22:12). O. Michel, 『히브리서』, 307. 따라서 εὐλαβεία는 본 단락에서 "경외심"으로 이해해야 한다. ἀπό τῆς εὐλαβείας 해석에 있어 마지막 과제는 "경외심 때문에 들으심을 받았는가" 아니면 "경외심으로부터(מ) 들으심을 받았는가"를 결정하는 것이다. 이 책에서는, 그리스어 주석서의 어감과 후자가 일치한다는 미헬의 견해를 받아들여, "경외심 때문에 들으심을 받았다"로 번역하겠다.

에서 오직 이 구절에만 나온다.[85] 5:8은 고난은 교육이라는 유대적 지혜에 의해 자극 받았을 것이다.[86] 또한 고난으로부터 배운다는 표현은 세속적 그리스 작가들의 글에서도 발견된다.[87] "고난"과 "순종", 그리고 "온전"은 상호관련이 있다. 히브리서 저자에게 있어 고난을 거부하는 것은 순종하는 것이 아니다. 온전해지려면 순종하는 단계가 필요한 것이다.

5:8에서 주목할 점은 "아들"과 "고난" 사이의 긴장, 다른 말로 바꾸면 예수의 "존재론적 문제"와 "실존적인 문제" 사이의 긴장이다. 이 긴장은 양보절(καίπερ, 비록 ~할지라도)에서 절정을 이룬다. 이런 긴장을 통해, 저자는 그리스도의 고난을 뚜렷이 부각시키고 있다. 저자가 그리스도의 고난을 부각시키는 이유는, 자신을 제물로 "단 번에"(7:27; 9:12; 10:26) 드려 영원한(αἰωνίου, 5:9) 속죄를 이루신 대제사장의 독특성을 드러내려는 것이다. 자신을 제물로 드린 독특성은, 멜기세덱이나 아론 계열 제사장들은 결코 가질 수 없는 것 일뿐만 아니라, 그들은 자신을 제물로 드린 예수 그리스도의 희생을 결코 따를 수도 없다. 또한 직면한 박해의 상황가운데 저자는 "하나님의 아들일지라도(καίπερ) 고난을 받았는데 하물며 우리에게 박해가 없겠느

---

85) O. Michel, 『히브리서』, 310.
86) H. W. Attridge, *The Epistle to the Hebrews*, 153.
87) P. Ellingworth, *The Epistle to the Hebrews*, 41.

냐?"고 히브리서 신앙공동체에게 질문하는 것이다.

> 그리고 완전(τελειωθεὶς)하게 되신 후에 그에게 순종하는 모든 자들
> 에게 영원한 구원의 근원이 되셨으며(5:8)

완전하게 되었다는 표현은 그리스도 자신이 "완전한 분"임을 표현하고, 다른 한편으로는 다른 사람들을 똑같이 "완전하게 할 수 있는 능력"을 획득하였음을 표현한다.[88] 또 완전(τελειω-θεὶς)은 그리스도의 도덕적 완전으로 언급된 것이 아니고, 그것은 그리스도가 중재자 역할에 적합함을 의미한다. 동시에 그 단어는 그리스도의 고양을 표시한다.[89] 예수 그리스도의 완전함은 예수 그리스도의 대제사장직의 완전함과 직결된다.

스피크(C. Spicq)의 지적대로 구약성서의 제의적 용어인 τελείωσις와 신비주의의 τελεταί를 구별하는 것은 중요하다. τελείωσις는 이미 이루어진 완전함을 의미하지만, τελεταί는 미래의 완성을 의미한다. τελεταί는 영지주의적 깨달음을 의미한다. 9절에서 완전은 τελείωσις를 의미한다.[90]

휴스는 레위적 대제사장들은 죄인들이며, 따라서 그들의 불완전성 때문에 결코 죄를 제거할 수도, 양심을 깨끗이 할 수

---

88) O. Michel, 『히브리서』, 312-313.
89) H. W. Attridge, *The Epistle to the Hebrews*, 153-154.
90) O. Michel, 『히브리서』, 312-313.

도 없음을 언급한다.[91] 휴스는 그들에게 필요한 것은 "동료적 실패자"가 아닌 "승리자"임을 밝힌다.[92] 그리스도는 죄 없으신 분[93]으로 고난을 통해 완전케 되셨기에 "동료적 승리자"가 될 수 있다. 동료적 승리자가 될 조건인 동정을 그리스도는 또한 갖추고 있다. 이로써 예수 그리스도는 동정하는 대제사장으로써 "동료적 승리자"가 될 수 있다.

몬테피오레는 "자기에게 순종하는 모든 자(all who only him)"라는 구문에서 그리스도 사역의 보편성과 그리스도에게 순종하는 자만이 구원을 이룰 것이라는 제한성이 있음을 지적한다.[94] 몬테피오레가 9절의 양면성을 제시한 것은 인정할 만하지만, 몬테피오레는 양면적 표현을 사용하는 저자의 의도에 대해서는 침묵하고 있다. 저자는 "모든(πᾶς, all)"이라는 표현을 통해 이방인을 포함한 모든 사람에게 그리스도의 구원이 확장됨을 강조하고 있다. 또한 저자는 영원한 구원을 얻기 위한 전제조건으로 "예수 그리스도에 대한 순종"을 강조하고 있다. 그리스도가 하나님의 뜻에 순종함으로 고난을 받으셨던 것처럼,

---

91) P. E. Hughes, 『히브리서(상)』, 245.
92) *Ibid.*
93) 스테워트(R. W. Stewart)는 구약에는 "죄 없는 대제사장"이란 언급조차 없는 반면, 히브리서에는 죄 없으신 대제사장의 표상과 갈보리의 순결한 희생이 강조되고 있다고 주장한다. R. W. Stewart, "The Sinless High-Priest", *NTS* 14 (1968): 126-135.
94) H. W. Montefiore, *The Epistle to the Hebrews*, 97.

히브리서 공동체도 그리스도의 뜻에 순종함으로 고난을 받을 수 있다. 그러나 그리스도의 뜻에 순종하며 담대함으로 이 고난을 이기면 "영원한 구원"(5:9)이라는 "큰 상"(10:35)을 얻는다.

히브리서 공동체가 박해를 받고 있으며 순교에 직면한 상황에서, 저자는 히브리서 공동체에게 "고난으로 순종함을 배워 완전하게 되신 예수"를 상기시키고 있다. 이를 통해 저자는 히브리서 공동체에게 "고난으로 순종함을 배우는 것"은 "영원한 구원의 근거"가 됨을 명시하면서, 고난 감내[95]를 권고하고 있는 것이다. 박해에 대한 인내를 강조하는 또 다른 본문을 분석해 보자.

> 그러므로(Τοιγαροῦν) 또한, 우리가 구름같이 둘러싼 증인들(μαρτύρων)의 무리를 가지고 있으니, 무거운 짐과 쉽게 얽매이는(εὐπερίστατον)[96] 죄를 모두 내려놓고 인내로써 우리 앞에 놓인 경주를 경주하며 믿음의 창시자이자 완성자이신 예수를 주의 깊게 바라보십시다. 그는 그의 앞에 놓인 즐거움을 위하여 십자가의 형벌을 마지막까지 견디시고 부끄러움을 개의치 아니하시더니 하나님

---

95) 고난감내는 초대기독교 공동체의 기본적 명제였다(마 10:22; 눅 6:22-23; 롬 8:7, 36-37; 고후 1:4-7; 살전 1:6-7; 딤후 1:8; 약 1:2, 12).

96) 몬테피오레는 εὐπερίστατον을 "쉽게 들러붙는"(readily clings)으로 파악하는 것이 적절하다고 제안한다. 또한 그는 옷과 같은 죄를 벗어버리는 이미지는 신약성서 여러 곳에서 발견되고(롬 13:12; 엡 4:22, 25; 골 3:8), 그것이 초대기독교 교리문답에 중요한 부분을 형성했다고 지적한다. 그 비유는 그리스도 안에서 새 생명이 되었다는 변화의 외적 상징으로 세례시 옷을 벗는 것에 나타난다. H. W. Montefiore, *The Epistle to the Hebrews*, 214.

보좌 우편에 앉으셨습니다(12:1-2).[97]

12:1에서 "구름(νέφος)[98]같이 둘러싼 증인들의 무리"가 언급된다. 그렇다면 12:1에서 나온 증인들(μαρτύρων)은 누구일까? 이 질문은 "그러므로"를 뜻하는 접속사 Τοιγαροῦν을 통해 해결된다. 11장과 12장은 접속사 Τοιγαροῦν(그러므로)으로 연결되어 있다. 따라서 12:1의 증인들(μαρτύρων)을 11장의 믿음의 선진들로 파악할 수 있다. 그렇다고 해서 12:1의 증인들을 구약의 인물들로만 한정할 수는 없다. 피츠너의 지적대로 12:1의 증인들의 무리 가운데는 분명 11장에 언급된 구약의 모든 증인들이 포함되고 또한 신약시대에 죽었던 사람들도 포함된다(13:7).[99]

엘링워쓰에 따르면, (10:28에 사용된 μαρτύς를 기본적으로

---

97) 애트리지는 12:1-13단락을 "고난 감내의 주제"(the theme of endurance)라고 표현하고 이 단락이 인내를 말하는 히브리서 안의 다른 설교들과 유사하다고 제시한다. 또한 그는 서론(1-3)은 전 장인 11장을 요약하며 구약의 인용(4-6)을 이끈다고 덧붙인다. 또 그는 12:2에서 그리스도의 겸비와 고양이라는 기본적 기독론이 시110편을 암시한다고 주장한다. H. W. Attridge, *The Epistle to the Hebrews*, 354-355.

98) 뷰캐넌(G. W. Buchanan)은 "구름"(νέφος)이라는 단어는 엄청난 대중의 크기를 표현하기 위해 은유적으로 사용되었음을 제시한다. G. W. Buchanan, *To The Hebrews: Translation Comment and Conclusion* (New York: Doubleday & Co., 1972), 207. 엘링워쓰는 "구름"(νέφος)을 통해, 히브리서 저자가 주변에 구름 떼와 같이 무언가로 둘러싸여 있는 독자들을 언급하고자 한다고 제시한다. P. Ellingworth, *The Epistle to the Hebrews: A Commentary on the Greek Text*, 638.

99) V. C. Pfitzner, 『히브리서』, 240-241.

암시하는) μαρτύρων은 의심할 여지없이 율법의 법정에서 증언하는 사람을 가리키지만, 이 단락에서는 의미는 거의 다르게 사용되었다.[100] 그는 이 단락의 문맥에서 μαρτύρων은 경기장 안에서 운동 경기를 관람하는 군중을 의미한다고 밝히고 이 단어가 11:2, 4, 5의 μαρτύρεω를 반영하지만 다른 의미로 사용되었다고 주장한다.[101] 즉 12:1의 μαρτύρων과 11:2 ,4, 5의 μαρτύρεω의 의미가 다르다는 것이다. 다시 말해, 12:1의 μαρτύρεω은 증인이나 증거와 관련되지 않는, 단순히 관람하는 군중을 의미한다는 것이다. 이 같은 엘링워쓰의 주장은 용인되기 어렵다. 왜냐하면 12:1의 μαρτύρεω은 Τοιγαροῦν(그러므로)을 통해 11장과 12장이 분명히 연결[102]되므로, 구름같이 허다한 믿음의 증인들로 파악하는 것이 문맥상 적절하다. 또한 피츠너의 지적대로, 12:1에 나오는 증인들의 적절한 의미는 11:2, 4, 5, 39절에 의해

---

100) P. Ellingworth, *The Epistle to the Hebrews: A Commentary on the Greek Text*, 638.

101) *Ibid.*

102) 레인(W. L. Lane)에 따르면, 11:1-40단락과 12:1-13단락의 연관성은 연결용 어들(linking terms)의 효율적인 사용에 의해 이해될 수 있다고 지적한다.
11:39 μαρτυρηθέντες, "입증된 증인들"   12:1 μαρτύρων, "증인들"
11:40 ἡμῶν, "우리,"··· ἡμῶν, "우리"   12:1 καὶ ἡμεῖς, "우리들 자신"
또한, 레인은 11:39-40단락의 주석이 12:1-13단락의 공동체에 대한 호소 연설에 대한 기초를 제공하고 11:1-40단락에 있는 충실한 믿음의 선진(parenetic)들의 목록이 12:1-3단락에 투영된다고 주장한다. W. L. Lane, *Heberews 9-13*, WBC, vol 47 (Dallas, Texas: Word Books, Publisher, 1991), 403-406.

파악될 수 있다.[103] 엘링워쓰와는 달리, 몬테피오레는 증인들에 대해 다음과 같이 진술한다.

현재의 경기자들은 거대한 릴레이 계주에 마지막 주자로 참여한다. 마지막 주자로 참여한 그들을, 이미 신앙의 바턴을 넘긴 그리고 마지막 주자를 격려하기 위해 보이지 않는 목격자로 있는 구름 같은 수많은 증인들이 주시하고 있다.... 구름같이 둘러싼 허다한 증인들은 현재의 경기에 대한 단순한 방관자가 아니라 그들은 지난 과거의 삶을 통해 믿음의 증거를 준다. 심지어 그들은 죽음의 상황에서 조차 믿음을 지켰다.[104]

몬테피오레의 언급대로 증인들은 현재의 경기자인 히브리서 공동체의 구성원들에게 믿음의 증거를 주는 사람들이다. 신약성서에서 증인(μαρτύρων)이라는 표현은 긍정적으로 묘사된다. 왜냐하면 초대 기독교 공동체는 예수의 증인들에 의해 세워지고 확장되었기 때문이다. 예수는 그의 제자들을 구속사건의 증인이라 칭하고(눅24:28; 행1:8), 바울 또한 증인으로 묘사된다(행 22:15). 또한 증인(μαρτύρων)은 하나님의 말씀을 예언하는 증거자로 표현된다(계 11:3). 더 나아가 증인(μαρτύρων)은 순교자(martyr)의 의미로 사용되었다(행 22:20; 계 2:13, 17:6). 피츠너는 증인을 의미하는 μαρτύρων이, 영어에서는 순교자를 의미

---

103) V. C. Pfitzner, 『히브리서』, 241.
104) H. W. Montefiore, *The Epistle to the Hebrews*, 213.

하는 "martyr"로 음역되었음을 제시하며 "martyr"(희랍어의 증인에 해당되었던 용어)는 그리스도를 증거 하다가 죽음을 당하기까지 한 사람을 가리키는 말이 되었다고 언급한다.[105] 애트리지는 11장은 박해를 인내한 사건들의 기록이고 12장은 11장의 결론이라고 언급한다.[106] 크로이(N. C. Croy) 또한 12:1-13단락과 종말론적인 고난 감내(endurance in suffering)를 연관시킨다.[107]

신앙의 여정과 경주를 믿음으로 마친, 고난을 믿음으로 인내한 "구름같이 둘러싼 선진"들이 히브리서 구성원들에게 증거가 되고 있고 또한 그들을 격려하며 바라보고 있다고 저자는 강조하는 것이다. 이를 통해 히브리서 저자는 고난의 상황에서 믿음을 지키고 신앙의 경주를 마치기를 공동체 구성원들에게 권고한다. 엘링워쓰는 12:1-13단락에서 히브리서 저자가 배교를 피하기를 간절히 구성원들에게 호소하고 있다고 지적한다.[108] 히브리서 저자는 인내를 가지고 신앙을 지키기를, 즉 배교의 자리로 나아가지 않기를 공동체 구성원들에게 간청하는 것이다. 레인은 11장이 거의 직설법으로 구성된 것에 반해,

---

105) V. C. Pfitzner, 『히브리서』, 241.
106) H. W. Attridge, *The Epistle to the Hebrews*, 354.
107) N. C. Croy, *Endurance in Suffering: Hebrews 12:1-13 in its rhetorical, religious, and philosopical context* (Cambridge: Cambridge University Press, 1998), 215-224.
108) P. Ellingworth, *The Epistle to the Hebrews: A Commentary on the Greek Text*, 637 참조.

12:1-13단락에 명령법과 청유법이 사용된 것에 주목한다.[109] 이를 통해 저자가 배교를 피하고 신앙을 지킬 것을 "간청"하는 것은 물론, "명령"하고 있음을 짐작할 수 있다.

이제 논의를 보다 세밀하게 진전시켜 히브리서 저자가 히브리서 공동체에게 "바리새 유대교에 대한 어떤 종류의 고난 감내"를 촉구하는지, 또한 "로마 제국에 대해서는 어떤 종류의 고난 감내"를 권고하는지 살펴보도록 하자. 먼저 바리새 유대교에 대한 고난 감내는 "회당축출로부터 오는 것에 대한 고난 감내"이다. 유대 사회의 중추적 기능을 담당했던 회당으로부터의 추방은 사회적 매장에 해당하고 엄청난 소외를 감수해야 한다.

다음으로 로마 제국에 대한 어떤 고난 감내 인지를 고찰해 보자. 이는 로마 제국에 의해 행해지는 투옥, 재산몰수, 순교 등을 포함한 현실적 박해(10:32-34)에 대한 고난 감내를 의미한다. 즉 비방과 환란으로 사람에게 구경거리가 될 수도(10:32), 갇힌 자가 될 수도(10:34) 있고, 또한 산업을 빼앗길 수도 있다(10:35).[110] 그러나 담대함으로 이 고난을 감내하면 "영원한 구원"(5:9)이라는 "큰 상"(10:35)을 얻는다. 린다스(B. Lindas)는 32-34절이 독자들이 회심할 때에 보여주었던 탁월한 신앙의 행적을 상기시키는 것이라고 주장한다.[111] 그러나 32-34절은 "회

---

109) W. L. Lane, *Heberews 9-13*, 403.
110) 앞에서 논의했듯이 10:32-34은 로마의 공식적 박해의 분위기가 역력하다.

심"의 정황을 보여 주기보다는 "고난"의 정황을 보여준다. 히브리서 저자는 이미 32절에서 "고난의 큰 싸움"을 언급하고 있다. 32절에서 저자는 과거의 고난의 큰 싸움을 회상한다. 10:32-34 단락에서 주목할 것은 "고난의 절박성"과 "고난의 생생한 묘사"이다. 특별히 이 회상에서 과거와 현재사이의 "고난의 연속성"을 살필 수 있다. 이 연속성에서, 히브리서 공동체가 "과거"의 고난의 큰 싸움을 견디어냈듯이 "지금" 혹은 "앞으로의" 시련을 이겨내길 원하는 저자의 희망을 엿볼 수 있다. 또한 이 단락에서 모든 공동체가 담대하게(10:35) 고난에 참여하길 바라는 저자의 의도를 살필 수 있다. 즉 "고난의 공동성"에 대한 저자의 희망도 추정할 수 있다.

---

111) B. Lindars, 『히브리서의 신학』, 158.

제 **5** 장

내부갈등과
멜기세덱적 대제사장
예수

1. 정체성 확립

히브리서 공동체는 로마와 바리새 유대교로부터 이중의 박해를 받고 있으며, 여러 가지 이유로 공동체로부터 이탈하는 멤버들과 이탈에 동조하는 멤버들이 발생하고 있다. 히브리서 공동체의 구성원들은 박해(10:32-34)와 배교(2:1; 3:12; 6:4-8; 11:38; 13:9)의 위협에 직면해 있다.

"예수의 대제사장직"을 부인하며, "율법"을 강조하고, 자신들의 "정통성"을 주장하는 바리새 유대교의 신학적 공격과 이에 동조하는 히브리서 공동체 안의 친유대주의그룹이 생겨나는 정황에서 저자는 정체성의 문제를 간과할 수 없었다. 특히 구약의 영향을 강하게 받은 멤버 중에는 유대교로 재전향을 시도하려는 사람들이 존재했음을 추정할 수 있다. 그리고 히브리서 공동체 안에서의 친유대주의그룹과 반유대주의그룹[1]의 갈등 정황 또한 저자가 고민하지 않을 수 없는 난제였다. 내부의 갈등이 깊어지면 이는 필연적으로 정체성 혼란으로 이어질 수 있기 때문이다. 히브리서 공동체는 "습관적으로", "모이기를 폐하는 사

---

1) 히브리서 저자가 율법의 불완전성을 지적하고 있다고 해서 그를 반유대주의그룹으로 분류하는 것은 올바르지 못한다. 히브리서 저자는 여전히 구약제의 시스템을 수용하고 있다. 구약제의 시스템은 "피를 흘려 속죄를 이룬다"는 개념과 "중보자인 대제사장"의 개념을 포함한다. 저자는 이 연장선상에서 새로운 언약을 논증한다.

람들"(10:25)과 직면하고 있다. 본 저서는 "모이기를 폐하는 사
람들"을 두 가지 종류의 사람으로 가정한다. 모이기를 폐하는
사람들은 히브리서 공동체 안에 있는 "내부자"일 수 있고, 히브
리서 공동체 밖에 있는 "박해자들"이나 "대적자들"이 될 수도 있
다. 히브리서 저자는 공동체 안팎의 이 같은 정황에 맞서 결속
(13:1, 3)을 강조하고, 정체성의 혼란으로 "흘러 떠내려갈"(2:1)
가능성이 있는 멤버들에게 대제사장 기독론을 논증한다.

    히브리서 공동체내 구약의 영향을 강하게 받은 그룹, 즉 친
유대주의그룹의 편향된 시각을 수정하기 위해 저자는 대제사장
기독론을 전개한다. 저자는 히브리서 공동체를 첫째, "대제사장
과 제물 되신 독특한 예수 그리스도를 소유한"(8:1; 10:11-14),
"단번에 드린 영원한 효력을 가진 속죄제사의 소유한"(5:7;
7:27; 10:28)『새 언약을 받은 공동체』로 그 정체성을 규정한다.
저자는 유대교가 결코 가지지 못하는, 영원한 구원의 근원이 되
시는 대제사장 예수를 히브리서 공동체가 가지고 있음을 역설
하는 것이다. 폐기된 율법(7:17; 10:9)은 새 언약으로 대체되었
다. 옛 율법이 폐기되었기 때문에 옛 제사는 불필요하고(10:15
-18) 예수 그리스도를 통한 새 제사가 필요하다. 제사의 본질적
목적은 하나님께 나아가는 길을 제공하는 것이다. 히브리서 공
동체는 로마의 국가제의(황제 숭배)가 아닌, 그리고 옛 제사가
아닌 새 제사, 즉 예수의 피를 힘입어 담대하게 하나님께 나갈

수 있다.

둘째, 저자는 히브리서 공동체를 "고난받는 공동체"로 규명하고, 더 나아가 『고난을 감내하는 공동체』로 규정한다. 히브리서 공동체는 고난 감내가 승귀를 위한 필연적인 예비단계라는 것을 담대하게 믿는 공동체이다. 저자는 "고난에 대한 인내의 전형"(primary paradigm)으로 12:2에서 예수를 등장시킨다. "믿음의 주요 또 온전케 하시는"(믿음), 예수가 "그 앞에 놓인 즐거움을 바라보고"(소망), "십자가를 참고 수모를 개의치 않았기 때문에"(인내), 그는 하나님 보좌 우편에 앉게 된다. 12:2에서도 드러나듯이, 히브리서는 "믿음"과 "인내"와 "소망"에 관한 서신이다. "소망"2)이 없다면 믿음을 가질 수 없고, 인내를 품을 수도 없다. "믿음"이 없으면 소망을 확고히 가슴에 품을 수 없고, 인내할 수도 없다. "인내"가 없다면 어찌 소망을 이룰 수 있겠으며, 믿음을 지킬 수 있겠는가? 따라서 히브리서 안에서 믿음과 인내와 소망은 긴밀히 연결된다. 히브리서 저자는 예수 그리스도처럼 하나님에 대한 믿음을 가지고, 하늘의 소망을 품고, 고난을 인내하기를 히브리서 공동체에게 진술하는 것이다.

11장에 나오는 믿음의 선진(先進)들의 특징은 고난을 받았고, 믿음으로 고난을 이겼다는 것이다. 이를 통해 저자는 히브리서 공동체 또한 고난을 받을 것이고, 믿음으로 고난을 감내해

---

2) 하나님이 주시는 보상으로 파악할 수도 있다(11:6).

야 함을 역설하고 있다. 또한 11장에 나오는 인물들이 가진 신앙의 특징은 행동하였다는 것이다. 다시 말해 히브리서 저자가 11장에서 믿음을 동사로 표현하고 있음을 주목해야 한다.

믿음으로 아벨은 하나님께 더 나은 "제사를 드렸다"(προσήνεγκεν, offered). 믿음으로 에녹은 죽음을 보지 않고 "옮기었다"(μετετέθη, was translated). 믿음으로 노아는 방주를 "예비하였다"(κατεσκεύασεν, prepared). 믿음으로 아브라함은 이삭을 "드렸다"(προσενήνοχεν, has offered). 믿음으로 모세는 바로의 공주라는 칭함을 "거절하고"(ἠρνήσατο, refused), 하나님의 백성들과 더불어 "고난받기를 선택했다"(ἑλόμενος, having chosen). 저희가 믿음으로 나라들을 "이기고"(κατηγωνίσαντο, overcame), 의를 "행하고"(εἰργάσαντο, wrought), 약속을 "받고"(ἐπέτυχον, obtained), 사자들의 입을 "막았다"(ἔφραξαν, stopped). 저희가 믿음으로 불의 세력을 "멸했다"(ἔσβεσαν, quenched).

12:2에서 예수의 믿음 또한 행동으로 표현되고 있다. 그는 십자가를 "참았고"(ὑπέμεινεν), 부끄러움을 "무시하시고"(κατα-φρονήσας), 하나님 우편에 "앉으셨다"(κεκάθικεν). "예수의 행동"은 히브리서 저자에게 있어 "속죄제의를 몸으로, 전인격적으로 행하는 예수"로 이해된다. 이 같은 진술을 통해 저자는 믿음의 선진들이 그렇게 행했던 것처럼, 대제사장 그리스도가 그렇게 행했던 것처럼, 믿음을 행동으로 표현할 것을, 즉 히브리서 구성원들에게 박해를 피하지 말고 고난을 감내할 것을 촉구하는

것이다.

셋째, 저자에 히브리서 공동체의 멤버들은 "하늘의 부르심을 거룩한 형제"(3:1a)로 규정된다. 저자는 예수의 기원과 히브리서 공동체의 기원을 일치시킨다. 따라서 히브리서 공동체는 『신적 기원을 가진 공동체』이다. 히브리서 공동체의 승귀와 관련된 구절을 살펴보자.

거룩하게 하시는 이와 거룩함을 입은 자들이 모두 한 분($\dot{\epsilon}\xi$ $\dot{\epsilon}\nu\dot{o}\varsigma$)으로부터 낳습니다. 그렇기 때문에 그가 그들을 형제들($\dot{\alpha}\delta\epsilon\lambda\phi o\grave{v}\varsigma$)이라고 부르시기를 부끄러워하시지 않습니다(2:11).

"보라 나와 하나님께서 내게 주신 자녀들($\pi\alpha\iota\delta\acute{\iota}\alpha$)이 여기에 있다"고 말씀하셨습니다(2:13b).

그러므로 거룩한 형제들아, 하늘의 부르심에 참여한 자들아(3:1a)

거룩하게 하시는 이인 예수와 거룩함을 입은 히브리서 공동체 멤버들은 모두 한 분 하나님에게서 낳다. $\dot{\epsilon}\xi$는 출생과 생산 등과 관계된 표현에서 "~로부터", "~로 말미암아"라는 근원을 나타내는 전치사로 사용된다. 예수의 기원과 히브리서 공동체의 기원이 일치하고 있다. 왜냐하면 그들 둘 다, 한 분으로부터($\dot{\epsilon}\xi$ $\dot{\epsilon}\nu\dot{o}\varsigma$)[3] 낳기 때문이다. 하나님으로부터 난 예수의 신적 기

---

3) (*NIV*) Both the one who makes men holy and those who are made holy are

원과 히브리서 공동체의 기원이 일치되고 있기 때문에 히브리서 공동체는 "하나님이 낳은 공동체"이다. 같은 본질로부터 태어났음으로 예수는 히브리서 공동체를 부끄러워 아니하시고 기꺼이 형제로 부르신다. 미헬에 따르면, "부끄러워하지 않는다"(οὐκ ἐπαισχύνεται, 막 8:38; 눅 9:26; 롬 1:16; 딤후 1:8, 12, 16)는 "인정하다"와 동의어이고, "부끄러워하다"(11:24; 마 10:33; 요 1:20)는 "부인하다"와 동의어이다.[4]

예수는 히브리서 공동체를 형제[5]로 인정한다. 예수와 히브리서 공동체는 한 분 하나님으로부터 나왔기 때문에 "한 가족"이 된다. 3:1a에서 히브리서 공동체를 "거룩한 형제들"로 "하늘의 부르심에 참여한 사람들"로 묘사하는 것도 히브리서 공동체의 신적 기원과 승귀[6]를 나타내는 표현이다. 글리슨(R. C. Gleason)의 지적대로 히브리서 저자가 수신자들을 부르는 호칭, 예를 들어 "하늘의 부르심을 입은 거룩한 형제들"(3:1), "그리스

---

of the same family. *NIV*가 ἐξ ἑνὸς를 same family로 번역한 것은 오역이다. 미헬은 신 6:4(이스라엘 들으라 우리 하나님 여호와는 오직 하나인 여호와시니)을 근거로, 2:11의 "한 분"(ἑνὸς)은 하나님 자신을 나타내는 완곡 어법이라고 주장한다. 미헬은 하나님이 "한 분"이라는 것은 이스라엘 바깥에서도 잘 알려진 신념이었다고 언급한다. O. Michel, 『히브리서』, 208-209.

4) *Ibid.*, 209.

5) 키스트메이커(S. J. Kistemaker)는 3:12; 10:19; 13:22을 근거로 "형제"라는 단어가 공동체 뿐 아니라 히브리서 저자 자신에게도 적용됨을 지적한다. S. J. Kistemaker, *Hebrews*, 83

6) 1:14의 천사들마저 구원 얻을 후사들(히브리서 공동체)을 위해 봉사한다는 표현에서 히브리서 공동체의 승귀를 또한 알 수 있다.

도와 함께 참예 한 자"(3:14), "사랑하는"(6:9)이라는 호칭은 수 신자들의 변화된 상태를 알려준다.[7]

자신들의 기원과 관련하여 위상을 정립하는 것은 자기정체 의 형성을 위해 긴요한 일이다. 여기서 중요한 것은 예수와 히 브리서 공동체의 "기원의 동질성"과 "형제들"(ἀδελφοὺς)과 "자녀 들"(παιδία)이 동일한 의미임을 파악하는 것이다. 예수와 히브리 서 공동체의 결속과 연대는 예수가 혈육에 함께 속하심을 통해 최고조에 이른다(12:14). 히브리서 저자는 히브리서 공동체를 하나님의 아들 예수 그리스도의 형제로 규정한다(2:11; 2:13b; 3:1). 히브리서 공동체는 하나님의 아들들이 된다. 물론 맏아들 은 예수 그리스도(1:5)다.

이제 가장 중요한 질문이 남아있다. 히브리서 공동체의 신 적 기원과 승귀를 가져오게 하는 이유는 무엇인가? 무엇보다 그 것은 바로 "예수 그리스도의 대제사장직을 통한 중보" 때문이 다. 예수가 모든 면에서 형제들과 같아진 이유(2:14, 17)는 충성 된 대제사장이 되어 백성의 죄를 구속하기 위함이다. 다음으로 히브리서 공동체는 하나님이 낳은 공동체이기 때문에 신적 특 성을 획득한다. 로마 황제는 자신만 신격화한 것이 아니라 황제 의 가족들 중 일부를 신격화하여 숭배하였던 로만 콘텍스트에

---

7) R. C. Gleason, "The Old Testament Background of the Warning in Hebrews 6:4-8," *BS* 155 (January-March 1998): 62-91, 인용은 66.

비추어, 히브리서 공동체가 하나님의 아들들이 된다는 것은 주목할 필요가 있다. 히브리서 공동체의 논리라면, 황제의 신적 가족 공동체는 진정한 의미에서 신적 공동체가 아니다. 왜냐하면 그들은 명백히 인간으로부터 출생하였고, 그리스도의 중보도 획득하지 못했기 때문이다.

신앙공동체로부터 이탈한 자들[8]이 존재하는 상황에서, 또 새로운 그리스도교 복음과 유대교 전통 사이에서 갈등하는 공동체 구성원들에게, 아울러 고난과 핍박(10:32-24)으로 인해 믿음이 연약해지는 공동체 구성원들에게, 저자는 "새 언약"에 근거한 "대제사장 기독론"을 정립함으로 신앙공동체의 정체성을 확실히 제시하려는 것이다. 히브리서 신앙공동체는 새 언약을 받은, 고난을 감내하는, 신적 기원을 가진 공동체이다. 이 같은 정체성 확립을 통해 더 이상의 이탈자를 막고, 연약한 지체를 다시금 세우려는 저자의 의도를 알 수 있다.

2. 화해 모색

저자는 히브리서 공동체의 내부갈등의 정황가운데, 예수 그리스도의 "구원의 포용성"을 강조하며 공동체 구성원들의 화

---

8) 신앙으로부터 이탈한 자들은 공동체에 복귀할 가능성이 없다(6:4-8)는 키이의 지적을 참고하라. H. C. Kee, 『신약성서의 이해』, 476-477.

해를 모색하다.

그가 무지하고 이탈한 자들을 능히 용납할 수 있는 것은(μετριο-
παθεῖν δυνάμενος τοῖς ἀγνοοῦσιν καὶ πλανωμένοις) 그도 또한 연약
함에 둘러싸여 있기 때문입니다.

5:2절을 해석하는 데 있어 난점은 τοῖς ἀγνοοῦσιν καὶ
πλανωμένοις를 "무지하고 이탈한 자들"(한 그룹)로 번역하느냐
아니면 "무지한 자들과 이탈한 자들"(두 그룹)로 번역하느냐 하
는 것이다. 일군의 학자들[9]은 이 구절을 중언법으로 보고, τοῖς
ἀγνοοῦσιν καὶ πλανωμένοις를 무식한 자들과 유혹에 빠진 자들
의 두 그룹을 가리키는 것이 아니라 무식하여 유혹에 빠진 자들
로 간주하였다. 이 책은 중언법에 관한 견해를 받아들여, τοῖς
ἀγνοοῦσιν καὶ πλανωμένοις를 무지하고 이탈한 자들(한 그룹)으
로 상정하겠다.

5:2에 따르면 예수는 무지하여 이탈한 자들을 "능히 용납할
능력"(μετριοπαθεῖν δυνάμενος)을 가졌다. 뷰캐넌의 지적대로
μετριοπαθεῖν은 LXX에 한 번도 나오지 않고 신약에서도 오직
이곳에서 유일하게 등장하는 동사이다.[10] 이를 통하여 히브리

9) H. W. Attridge, *The Epistle to the Hebrews*, 144; J. Moffat, *A Critical and
Exegetical Commentary on the Epistle to the Hebrews* (Edinburgh: T & T
Clark, 1968), 62; F. F. Bruce, *The Epistle to the Hebrews*, 120.
10) 뷰캐넌은 필로가 이 용어를 사라의 죽음에 대한 아브라함의 조절된 슬픔과

서 저자의 포용성을 알 수 있다. 무지하여 이탈한 자들은 하나님을 확실히 믿지 못하는 자들이며, 유혹에 쉽게 넘어갈 수 있는 사람들이고[11] 또한 이탈한 자들(πλανωμένοις)[12]이라는 표현에서 배교자를 연상할 수 있다.

저자에 따르면 예수는 이런 모든 자들을 능히 구원할 능력을 가졌다. 여기서 μετριοπαθεῖν이 현재형[13]으로 사용되었음에 주목해야 한다. 대제사장이신 예수가 무지하고 이탈한 자들을 바로 지금 구원할 수 있다는 "현재적 구원의 포용성"을 살필 수

고난받는 야곱의 인내를 가리키는데 사용했고 요세푸스가 이 용어를 유대전쟁이후 티투스와 베시파시안이 유대인에게 했던 관대한 태도를 묘사하는데 사용했음을 지적한다. G. W. Buchanan, *To The Hebrews: Translation Comment and Conclusion*, 94. 애트리지는 μετριοπαθεῖν를 스토아학파의 감정을 제거한다는 의미보다는 주로 분노의 감정을 조절한다는 소요학파의 개념에 가까운 철학용어라고 설명한다. H. W. Attridge, *The Epistle to the Hebrews*, 143-144. 모펫의 경우, 이 용어는 온화함과 관용을 의미한다. J. Moffat, *A Critical and Exegetical Commentary on the Epistle to the Hebrews*, 62.

11) 일군의 학자들은 5:2에서 히브리서 저자가 모르고 짓는 죄, 즉 고의적으로 짓지 않는 죄를 마음속에 품고 있음을 지적한다. 레인, 브루스, 미헬, 모펫, 애트리지 등의 주장을 참고하라. W. L. Lane, *Heberews 1-8*, 116; F. F. Bruce, *The Epistle to the Hebrews*, 119-120; O. Michel, 『히브리서』, 301; J. Moffat, *A Critical and Exegetical Commentary on the Epistle to the Hebrews*, 62; H. W. Attridge, *The Epistle to the Hebrews*, 144.

12) πλανάω는 미혹시키다, 방황하다, 탈선하다, 옆길로 빗나가다, 타락하다의 의미를 가지는 동사이다.

13) 애트리지는 비슷한 세 용어인 συμπαθῆσαι(4:15), μετριοπαθεῖν(5:2), ἔπαθεν (5:8)의 사용을 제시하면서, μετριοπαθεῖν은 현재시제로 일반적인 진술이지만, συμπαθῆσαι와 ἔπαθεν은 단순과거시제로 그리스도의 고난을 생생하게 묘사한다고 지적한다. H. W. Attridge, *The Epistle to the Hebrews*, 275.

있다. 저자의 일관된 입장은, 예수를 힘입어 하나님께 담대히 나아가면 "완전한 구원"(εἰς τὸ παντελὲς)을 얻는다는 것이다. 완전한 구원에 대한 7:25의 선포를 살펴보자.

> 그러므로 또한 그는 자기를 통하여(δι' αὐτοῦ) 하나님께 가까이 나가는 자들을 완전히 구원(εἰς τὸ παντελὲς)할 수 있습니다, 왜냐하면 그는 항상 살아 계셔서 그들을 위하여 간구 하시기 때문입니다.

용서가 가능한 이유는 중보자이신 예수 그리스도 때문이다. 예수 그리스도의 대제사장직의 완벽함 때문이다. 이를 통해 무지하여 이탈하려는 지체들을 다시 회복시키기 원하는, 저자의 내적 통합에 대한 희망을 볼 수 있다. 예수 그리스도는 능히 이들을 용납할 수 있다는 것을 강조하는 것이다.

저자는 히브리서 공동체내 "친유대주의그룹"과 "반유대주의그룹"의 갈등을 조정하고, 화해를 모색하기 위해 대제사장 기독론을 전개한다. 이 때의 『대제사장 기독론』은 유대 전통과의 "연결"과 "단절"14) 이라는 형식을 띠고 전개된다.

---

14) 유대 전통과의 연결과 단절은 유대적 경향과 헬라적 특성의 조화를 의미한다. 푼트는 히브리서가 하나의 사상이 아닌 다양한 전승과 시대적 사상에 영향을 받았음을 강조한다. 푼트는 히브리서 저자가 플라톤주의, 필로, 중기 플라톤주의, 쿰란공동체, 영지주의 유대묵시문학 등에 영향 등 다양한 사상에 영향을 받았음을 제시한다. J. Punt, "Hebrews, thought-patterns and context: Aspect of the Background of Hebrews," *Neot* 31/1 (1997): 119-154, 인용은 152. 그에 따르면, 히브리서 저자는 명확하게 많은 세계관의 아들(child of Many Worlds)

유대 전통과의 "연결"은 친유대주의 그룹을 끌어안으려는
노력이고, 반유대주의그룹에게 유대 전통에 대한 긍정적인 인
식을 주려는 노력이다. 이에 반해 유대 전통과의 "단절"은 반유
대주의그룹을 끌어안으려는 노력이고, 친유대주의그룹의 편향
된 시각을 수정하려는 노력이다. 따라서 유대전통의 "연결"과
"단절"을 동시에 추구함은 친유대주의그룹과 반유대주의그룹을
화해시키려는 저자의 노력이다.

유대 전통과의 연결을 추정할 수 있는 근거로, 다음과 같은
것들을 생각할 수 있다. 첫째, "구약성서의 빈번한 인용과 해
석"15)은 유대 전통과의 연결을 나타낸다. 일군의 학자들은 히브

이고, 히브리서에서 발견되는 사상관들은 복합적(complex)이다. *Ibid.*, 인용은
152. 히브리서의 사상적 배경으로 구약적 경향이나 헬라적 특성으로 한정하지
않기 때문에, 이 같은 푼트의 주장은 히브리서의 사상적 배경에 대한 연구에
있어 진일보한 것이라고 평할 수 있지만, 푼트는 히브리서에 나타나는 사상적
배경의 다양성에 집중한 나머지, 사상적 배경을 초월하여 존재하는 일관성을
이해하는 데까지는 나아가지 못했다. 히브리서를 관통하는 일관성은 예수 그
리스도의 우월성, 더 정확히 말하자면 대제사장 예수 그리스도의 우월성이다.
히브리서 저자는 예수 그리스도의 우월성을 증명하기 위해 다양한 사상들을
사용하는 것이다. 다시 말해 유대적 성향의 독자들에게 예수 그리스도의 우월
성을 이해시키기 위해 구약의 본문을 사용하기도 하고, 또한 헬라적 영향을
받은 독자들에게 예수 그리스도의 우월성을 설명하기 위해 헬라적 사상들을
사용하기도 하는 것이다.

15) 히브리서 저자의 구약적 배경과 인용에 대해서는 다음의 연구들을 참조하라.
D. A. Desilva, "Use of the Old Testament," in *Perseverance in Gratitude: A
Socio-Rhetorical Commentary on the Epistle to the Heberews*, 32-35. J. Punt,
"Hebrews, thought-patterns and context: Aspect of the Background of
Hebrews," *Neot* 31/1 (1997): 119-154; P. E. Enns, "Creation and Recreation:

리서 저자의 구약적 배경과 구약 인용을 분석하여, 저자의 사고 근저에 구약적 Paradigm이 자리잡고 있음을 밝혔다. 드실바의 지적대로, 저자는 구약의 내용과 해석에 정통해 있고 히브리서 서신과 유대 정경 사이의 "구두-필사적 조화"(oral-scribe intertexture)가 실로 놀라움을 준다.16) 피츠너 또한 히브리서의

Psalm 95 and Its Interpretation in Hebrews 3:1-4:13," *WTJ* 55 (1993): 255-280; R. C. Gleason, "The Old Testament Background of the Warning in Hebrews 6:4-8," *BS* 155 (January-March 1998): 62-91; D. Mathewson, "Reading Heb 6:4-6 in Light of the Old Testament," *WTJ* 61 (1999): 209-225; R. C. Gleason, "The Old Testament Background of Rest in Hebrews 3:7-4:11," *BS* 157(July-September 2000): 281-303; R. L. Omanson "A Superior Convenant: Hebrews 8:1-10:18," *RE* 82 (1985) : 361-373.

16) D. A. Desilva, "Use of the Old Testament", in *Perseverance in Gratitude : A Socio-Rhetorical Commentary on the Epistle to the Heberews*, 32. 드실바는 히브리서 저자가 사용한 구약 성서본문에 관심을 기울인다. 그에 따르면 저자가 사용한 구약은 오늘날 회당에서 읽혀지는 유대 정경과 같은 것이 아니며 카톨릭이나 개신교에서 인쇄되는 구약과도 다른 것이다. 이것들은 MT의 번역서 들이다. 히브리서 저자는 셉투아진트(LXX)라고 불리는 헬라어 번역본을 사용하였다. 그는 LXX는 종종 MT과 다르기 때문에, 히브리서 저자가 LXX를 사용한 것을 인식하는 것이 상당히 중요하다고 밝힌다. 또한 저자는 구약 본문을 해석함에 있어 다양한 주석적 기술들을 도입한다고 그는 주장한다. 드실바에 따르면 히브리서에는 매우 중요한 두 가지 특징이 있는데, 첫 번째 특징은 *qal wahome*(가볍고 무거운, light & heavy)이고, 두 번째 특징은 *gezera shawa*이다. 첫 번째 특징은 어떤 것이 보다 중요치 않은 것으로 간주되다가도 또한 그것이 중요한 것으로 적용되는 것을 의미한다. 두 번째 특징은 "언어적 유사"(verbal analogy)를 의미한다. *Ibid.*, 32-35. 이 같은 연구는 히브리서 서신과 유대 정경 사이의 "구두 필사적 조화"와 "차이점"을 다루었다는 점에서 타당성을 지닌다. 하지만 드실바는, 저자가 다양한 주석적 방식으로 구약을 해석하는 것에 머물지 않고, 그것을 복음과 결부시키고 복음 아래서 해석하는 것을 포착하는데 까지는 나아가지 못했다. 저자에게 있어, 십자가 사건은 예수가 제물 됨과 동시에 대제사장이 되어, 속죄의 제사를 단번에 이루어, 영원

전체 구절 303개 중 129개의 구절들이 구약성격의 직접적인 인용문이나 구약성경에 대한 언급을 내포하고 있음을 제시한다.[17] 이 같은 피츠너의 지적은 좋은 통찰을 주지만, 아쉽게도 피츠너는 히브리서 저자가 복음의 지평아래서 구약을 "인용"할 뿐만 아니라 "해석"하고 있음을 놓쳐버렸다. 오만슨(R. L. Omanson)은 히브리서에 창세기적인 이미지의 투영, 출애굽적인 이미지의 투영, 레위기적인 이미지의 투영, 민수기적인 이미지의 투영이 있다고 주장한다.[18] 그러나 오만슨은 히브리서가 단지 창세기, 출애굽기, 레위기, 민수기에 영향을 받은 것으로 한정하는 우를 범한다. 히브리서에는 시편에 대한 이미지의 투영(제왕시편 등), 그리고 예레미야에 대한 이미지의 투영(새 언약, 마음의 할례 등) 등 구약에 대한 광범위한 투영을 살필 수 있다. 히브리서 저자는 구약의 투영에 머물지 않고, 더 나아가 복음아래서 구약을 새롭게 해석한다.

저자의 해박한 구약 이해는 유대 전통과의 연결에 있어 중요한 측면을 가진다. 저자가 구약으로부터 심각한 영감과 영향을 받았음을 어느 누구도 부인할 수 없을 것이다. 저자에게는 "구약성서에 관한 신뢰"가 여전히 자리잡고 있다. 구약성서의

한 구원을 완성한 사건이다.
17) V. C. Pfitzner, 『히브리서』, 19.
18) R. L. Omanson "A Superior Convenant: Hebrews 8:1-10:18," *RE* 82 (1985) : 361-373, 특히 361-362.

빈번한 인용과 차용은 구약적 영향을 강하게 받은, 보수적 친유대주의그룹에게, 대제사장 기독론을 이해시키기 위한 배려라고 볼 수 있다. 그리고 무엇보다 저자는 구약을 기독론적인 시각에서 이해하고 있다. 또한 저자는 예수 그리스도의 대제사장직이 구약에 근거함을 밝힘으로, 반유대주의그룹에게 유대 전통에 대한 긍정적인 인식을 심어 주려고 노력한다. 저자는 구약 성경을 인용할 때, 구약 원본의 헬라어 성경인 70인역(LXX)을 사용했다. 이는 헬라적 영향아래 있었던 반유대주의그룹에 대한 배려라고 볼 수 있다. 구약성서의 인용에 있어서도 유대적 영향을 받은 그룹과 헬라적 영향을 받은 그룹 모두를 생각하는 저자의 태도를 살필 수 있다.

둘째, "구약 제의 System의 수용"에서, 유대 전통의 연속성을 유지하려는 저자의 의도를 살필 수 있다. 여기서 "구약 제의 System의 수용"이란, 피를 흘려 속죄를 이룬다는 개념과 중보자인 대제사장 개념을 받아들임을 의미한다. 저자는 구약의 연속성에 근거해서 예수 그리스도의 대제사장을 발전시키고 강화한다.

이제 유대 전통과의 단절[19]을 추정할 수 있는 근거를 살펴

---

19) 유대 전통과의 "단절"은 이방과의 "연속"이라는 묘한 뉘앙스를 풍기게 한다. 이를 통해 "헬라적 영향을 받은 유대인"과 "이방인"에 대한 저자의 관심을 예측할 수 있다.

보자. 첫째, 율법에 대한 폐기 선언이다. 율법에 대한 폐기 선언 (7:19a; 8:7; 10:9)은 유대전통과의 가장 확실한 단절을 의미한다.

둘째, 저자는 헬라철학적 용어와 개념[20]을 사용한다. 이는 헬라적 영향을 받은 급진적 반유대주의그룹에게 대제사장 기독론을 이해시키기 위한 배려라고 볼 수 있다. 린다스(B. Lindars)는 히브리서 저자의 훌륭한 헬라어 사용과 문체에 대해 지적하고, 저자가 어느 정도의 헬라 교육, 특히 수사학 기법을 배웠다고 제시한다.[21]

셋째, 저자는 비록 구약 제의 System을 수용하지만 그 내용은 바꾼다. "아론 계열의 대제사장에 의한 속죄와 중보"(이것은 유대 전통이라고 볼 수 있다)가 "예수의 대제사장직에 의한 속

---

20) 레인은 타이엔(H. Thyen)에 동의하면서 히브리서를 유대적 헬레니즘 설교로 파악한다. W. L. Lane, "A Sermon in Search of a Setting," *SJT* 28 (1985): 13-18, 특히 14-15. 몬테피오레는 "그의 주장은 구약성서의 정교한 지식에 근거하여, 힘차고 정밀한 논리적 사고를 지지기반으로, 우아하고 정교한 헬라적 문체로 표현된다"고 주장한다. H. W. Montefiore, *The Epistle to the Hebrews*, 96. 케제만은 저자가 "초기 기독교 영지주의"(pre-Christian Gnosticism)의 관점으로 히브리서를 저술했다고 제안한다. 초기 기독교 영지주의는 영혼이 마침내 진정한 본향에 이를 때까지 이 물질세계에서 순례해야 함을 강조한다. E. Käsemann, *The Wandering People of God: An Investigation of the Letter to the Hebrews*. trans. R. A. Harrisville & I. L. Sandberg (Minneapolis: Augsburg Publishing House, 1984) 그러나 이 같은 연구는 히브리서의 사상을 초기 기독교 영지주의로 제한함으로, 히브리서의 다양한 사상적 배경들에 대한 가능성을 보지 못한다는 한계를 지닌다.

21) B. Lindas, "The Rhetorical Structure of Hebrews," *NTS* 35 (1989): 382-406.

죄와 중보"로 대체되는 것이다. 성전의 파괴 이후, 대제사장이 부재한 상황 가운데 저자는 히브리서 공동체가 "대제사장"을 소유함을 피력한다. 대제사장을 소유하지 못해 속죄와 중보가 끊어진 바리새 유대교와는 달리, 히브리서 공동체는 대제사장 예수를 통한 속죄와 중보의 특권을 누리는 것이다. 저자는, 아론 계열의 대제사장들이 "연속적으로(매일)" 제사를 드려 "일시적인" 속죄를 이루었음에 비해, 예수는 "단 한번" 그를 제물로 드려 속죄를 완성했음을 강조한다. 히브리서에 여러 곳에 나타나는 "연속(매일)과 단 한번"(7:27)의, "일시와 영원"(7:23-25)의 기묘한 대조를 통해, 저자는 영원한 구원의 근원이신 예수의 온전함(τελειωθείς, 5:9)을 거듭 강조한다. 예수의 대제사장직의 특성은 "진정한 초월성"과 "영원한 유효성"으로 압축될 수 있다.

제 **6**장

결론

히브리서 저자는 "대제사장 기독론"이라는 신학사상을 전개한다. 히브리서 저자는 멜기세덱을 채택하여 그리스도의 대제사장을 논증하고 규명한다. 신약 어느 곳에서도 멜기세덱에 대한 대응 단락이 발견되지 않기 때문에, 이를 히브리서 저자의 독특한 신학적 소양이라고 규정해도 지나침이 없다.

주후 1세기 후반, 일정기간 유지된 바리새 유대교와 로마 제국의 『상대적 우호관계』는 히브리서 공동체에게 『이중의 박해』로 작용했다. 바리새 유대교와 로마 제국의 이중압박의 정황 속에서 히브리서 공동체 구성원들 일부는 이탈을 시도하려고 한다.

히브리서 공동체는 율법과 혈통에 근거한 "옛 속죄 제의 체제"을 거부하고, 또한 로마 제국의 "국가제의체제"인 로마 황제 숭배를 거절하고, 예수의 대제사장직에 근거하는 "새로운 속죄 제의 체제"를 주장한다. 율법을 중시한 바리새 유대교는 율법에 대한 부정적 입장을 표명하는 히브리서 공동체에 신학공격과 박해를 가하고, 동시에 로마는 제국의 통합을 이루는 황제의 신정일치를 거부하는 히브리서 공동체를 핍박한다. 바리새 유대교는 일정기간 유지된 로마 제국과의 상대적 우호관계로 말미암아 황제숭배로터 면제되는 특권을 포함한 공식종교로서의 권리를 누린 반면, 히브리서 공동체는 "로마의 혐오적 박해"에 직면한다. 이는 히브리서 공동체의 로마적 정황(Roman Context)

속에서, 황제들이 추구한 신정일치(神政一致)와 예수의 왕적 대제사장직에 기초한 신정일치(神政一致)의 부조화와 대립에 기인한 박해이다. 왜냐하면 히브리서 공동체는 로마의 황제숭배라는 국가제의체제를 거부하고 왕적 대제사장 예수를 통한 새로운 속죄제의체제를 주장했기 때문이다.

히브리서에서는 외부박해뿐만 아니라 히브리서 공동체의 내부갈등을 살필 수 있다. 히브리서 공동체 안에는 구약의 영향을 강하게 받은 친유대주의그룹이 존재했고, 반유대주의그룹 또한 건재했다.

히브리서 저자는 "외부의 박해"와 "내부의 갈등"이라는 어려움을 타개하기 위해 "대제사장 기독론"을 전개하고 "우월한 가치체계"(새로운 속죄 패러다임)를 웅변한다. 즉 저자는 이를 통해 로마 제국과 바리새 유대교에 대한 우위성을 확보하고 내부의 결속을 촉구한다. 대제사장 기독론을 통한 바리새 유대교에 대한 "신학적 우위"를 살펴보면, 첫째 아론계열의 대제사장직보다 예수의 "멜기세덱적 대제사장직"이 우월하다는 것을 밝힘으로 신학적 우위를 획득할 수 있다. 왜냐하면 유대교는 과거 제의공동체였고 그 연장선상에 있는 바리새 유대교가 있기 때문이다. 제의공동체에서 핵심이 되는 사역을 감당하는 사람이 바로 대제사장이다. 아론 계열 대제사장직 "율법과 혈통"에 의해 "제한적"으로 수행된 것과는 반대로, 그리스도의 대제사장직은 "하나님의 부르심"과 "하나님의 맹세"에 의해 "영원히" 수행된다. 아론 계열의 대제사장직보다 그리스도 대제사장직은 과거에도 우월했고, 현재에도 우월하며, 미래에도 우월할 것이다. 즉 그리스도의 대제사장직은 "영원히" 우월하다. 또한 자기 자신을 제물로 단번에 드린 예수 그리스도의 "헌신"과 "유일회성" 그리고 그의 "부활"은 그 누구도 따라올 수 없다.

둘째 대제사장을 소유하지 못한 바리새 유대교보다 "대제사장 예수 그리스도"를 소유한(8:1) 히브리서 공동체가 우월하다. 저자는 이를 통해 바리새 유대교에 대한 우위를 다시 한번 확인한다. 대제사장 예수는 동정할 수 있는 분(4:13)이며, 영원한 구원의 근원(5:9)이 되신다.

셋째 "새로운 속죄신학 패러다임"을 밝히는 것이 바리새 유대교에 대한 신학적 우위를 밝히는 것이다. 저자는 새로운 속죄신학 패러다임으로 유대교 속죄제의의 한계성을 극복한다. 유대교 속죄제의는 매일 드려야 하며, 외적의 침입이나 성전의 멸망 같은 외부의 상황에 따라 제사를 드릴 수 없고, 옛 율법에 근거한다는 한계를 가지고 있다. 이런 측면에서 저자의 비판이 제사에 국한된 것이 아니라 근본적으로 율법에까지 나아감을 알 수 있다. 율법에 근거한 유대교의 속죄제의에 반해, 히브리서 공동체의 "새로운 속죄신학 패러다임"은 새로운 언약에 의한 모든 세대를 위한 영원하고 온전한(5:9) 속죄제의이다. 부연하자면 "새로운 속죄신학 패러다임"은 새 언약의 중보자인 대제사장 예수 그리스도가, 자신을 제물로 드려 단번에 십자가에 죽음으로 영원히 이룬 구속의 십자가 사건에 근거한다.

예수 그리스도의 왕적 대제사장직, 다시 말해 멜기세덱적 대제사장직에 대한 진술을 그레코 로만의 정황과 더불어 바리새 유대교 매트릭스(matrix)의 전제 아래 파악할 때, 히브리서 공동체의 사회-정치적 정황과 관련하여 확대된 이해의 지평을 얻을 수 있다. 이 연장선상에서 대제사장 기독론을 통한 로마 제국에 대한 신학적 우위를 추론해 보면, 우선 로마 황제는 "스스로 만든" 신성을 가졌을 뿐이지만 왕적 대제사장 예수는 "하나님이 낳은 아들 됨"의 신성을 가진다. 인간(人間)이 "만든" 로마 황제의 신성은 조작된 것이지만, 하나님의 "본체"이며 하나님(神)이 "낳은" 예수 그리스도의 신성은 창조 전부터 선재(先在)한 신성이다. 다음으로 로마 황제가 현실적 왕이라면 예수 그리스도는 초월적 왕이며, 로마 황제의 통치영역이 땅이라면 예수 그리스도의 통치영역은 온 우주라는 점에서 우위를 살필 수 있다. 확실하게 인간인 로마 황제는 죽음으로 인해 제한된 왕권을 가질 수밖에 없는 반면, 그리스도는 부활을 통해 죽음을 이기고 영원한 주권을 획득한다. 마지막으로 그리스도의 영광은 로마 황제의 영광을 압도한다. 히브리서 저자는 자신들의 신앙과 실존을 위협하는 절대권력의 상징이었던 로마 제국의 황제승배(로마 황제의 신정일치)에 대항하여, 이보다 우월한 그리스도의 왕적 대제사장직(그리스도의 신정일치)을 고백함으로, 히브리서 공동체에게 신앙의 정당성을 부여하고 로마 제국에 대한 신학적 우위를 확보하려는 것이다.

히브리서 공동체는 "회당축출"이라는 고난에 직면해 있고, 투옥과 재산몰수 그리고 순교라는 "로마 제국에 의해 행해지는 현재적 박해"를 겪고 있다. 히브리서 공동체가 사회적 전락과 수치를 경험하고 있기 때문에 히브리서 저자는 고난 감내를 역설하고 고난 감내의 모범과 전형으로 대제사장 예수를 제시한다. 더 나아가 저자는 히브리서 공동체의 정체성을 "고난을 감내하는 공동체"로 규명하고, "하나님의 아들들"로 "새 언약의 상속자"로 그들의 위치를 격상시킨다. 히브리서 공동체는 신적 기원을 가진 "하나님이 낳은 공동체"이기 때문에, 그들은 하나님이 아들들이 되고 하나님의 맏아들인 예수의 형제가 된다.

저자는 내부의 첨예한 갈등과 상호반목을 불식시키기 위한 "상생의 묘"(相生之妙)로 "대제사장 기독론"을 전개하며 『유대(구약) 전통의 연결과 단절』을 내세운다. 저자가 친성막관(親聖幕觀)의 연장선상에서, 성막의 제의[1]를 십자가 사건에 비추어 복음적으로 해석하고 "구약의 속죄 제의 시스템"을 수용한다는 것에서 유대(구약) 전통의 연결을 살필 수 있다. 구약의 속죄 제

---

1) 저자는 예루살렘 성전 제의가 아닌 성막 제의를 진술한다.

의 시스템을 받아들인 것은 피를 흘려 속죄를 이룬다는 속죄제 사의 개념과 대제사장의 중보 개념을 수용한 것이다. 유대(구약) 전통의 단절은 히브리서에 나타나는 율법에 대한 부정적 태도와 반성전관(反聖殿觀)에서 쉽게 유추할 수 있다.

저자는 예수가 레위 지파 출신이 아니므로 대제사장의 칭호에 합당하지 않다는 것을 잘 인식하고 있었다(7:14; 8:4). 즉 저자는 예수의 대제사장직은 "혈통과 율법"의 지지를 받지 못한다는 것을 파악하고 있었다. 이를 해결하기 위해 저자는 명백하게 이방인인 멜기세덱을 동원하여 예수의 대제사장직을 논증한다. 멜기세덱은 유대교 전통과 연결되기도 하고 단절되기도 하는 인물이기에, 히브리서 저자는 멜기세덱을 "중의적 개념"으로 사용한다. 연결점은 살렘의 왕으로, 하나님의 제사장으로, 아브라함을 축복하였다는 점(아브라함과의 연관성)에서 찾을 수 있고, 단절점은 그가 명백하게 이방인이며 아론의 자손도 아니라는 것이다. 또한 멜기세덱은 율법을 비판하는 수단이 될 수 있다. 멜기세덱은 율법이전에 존재한 인물(율법의 규례를 알지 못하는 인물)로서, "율법과 혈통"과는 상관없이 대제사장이 되었기 때문이다.

저자는 예수의 대제사장직을 『멜기세덱적(的) 대제사장직』으로 이해한다. 이것은 급진적 반유대주의그룹에게 "예수의 대제사장직의 독특성"(레위 계열과는 다른)을 이해시키고 "대제사장은 혈통에 있어 정통성이 있어야 된다"고 주장하는 바리새 유대교에 동조하는 보수적 친유대주의그룹의 편향된 시각을 교정시키려는 저자의 의도이기도 하다. 또한 멜기세덱적 대제사장직은 왕적 대제사장직이기 때문에, 이를 통해 저자는 로마의 신정일치보다 우월한 예수 그리스도의 신정일치를 전개한다. 이것은 히브리서 곳곳에 흔적을 남긴 예수 고백의 정치적 함의이다.

"유대 전통의 연결과 단절"을 통해서, 저자는 예수의 대제사장을 보수적 친유대주의그룹과 급진적 반유대주의그룹에게 설명하고, 이를 통해 두 그룹의 화해를 모색한다. 내적 화합의 일치점은 "예수 그리스도"이다. 저자는 또한 "새로운 속죄 신학의 패러다임"을 이해한 유대인들이 히브리서 공동체로 편입되기를 희망한다. 이를 히브리서 저자의 선교전략이라고 조심스럽게 이해할 수 있다. 저자는 유대 전통의 연결과 단절을 통한 "새로운 속죄신학 패러다임"을 정립함으로, 유대인은 물론 이방인까지도 포함되는 속죄와 중보를 역설하는 것이다.

저자는 아론계열보다 우월한 멜기세덱의 대제사장직을 논증하고, 또 이를 근거로 아론계열보다 우월한 그리스도의 대제사장직을 발전시킨다. 로마적 정황 가운데에서는, "로마 황제의 신정일치"보다 "우월한 왕적 대제사장 예수의 신정일치"를 멜기세덱의 사제직을 통하여 진술한다. 여기서 중요한 것은 "멜기세덱과 같은 대제사장 예수"가 아닌 『멜기세덱적(的) 대제사장 예수』를 파악하는 것이다. 멜기세덱의 대제사장직은 그리스도의 대제사장직의 형식(τάξιν)과 "기능적"으로 유사하다. 즉 멜기세덱과 예수의 유사성은 본질에 있어 유사한 "본질적 유사성"(nature)이 아닌 『기능적 유사성』(function)이다. 단적으로 말해 멜기세덱은 예수를 돋보이게 하는 보조적(補助的) 역할을 한다. 히브리서는 우월한 그리스도의 대제사장직을 논증하는 저자의 체취를 뿜어냄으로, 히브리서의 자명한 황금율을 절대적인 그리스도의 우월성으로 이해할 수 있다. 저자의 멜기세덱 언급은 멜기세덱 자신을 드러내기 위해서가 아니라, 예수를 높이기 위한 의도로 동원된 것이다. 따라서 저자에게 있어 "멜기세덱"은 하나님의 아들이신 그리스도의 왕적 대제사장직을 설명하는 "신학용어"라고 표현해도 지나침이 없을 것이다.

참고문헌
(Bibliography)

김선정. 『요한복음서와 로마황제숭배』. 서울: 한들출판사, 2003.

서동수. "마가복음 14:32-42의 겟세마네 단편에 비추어 본 히브리서 4:14-16과 예수 그리스도의 대제사장직 사상." 『신약논단』9:2 (2002): 517-545.

서중석. 『복음서 해석』. 서울: 대한기독교서회, 1991.

_____. 『바울서신 해석』. 서울: 대한기독교서회, 1998.

유상현. 『바울의 제 1차 선교여행』. 서울: 대한기독교서회, 2002.

전경연. 『히브리서 주석과 신학』. 서울: 대한기독교서회, 2000.

조경철. "서동수 교수의 히브리서의 대제사장 기독론에 대한 논평." 『신약 논단』 9:2 (2002): 547-553.

홍성국. "히브리 공동체의 삶의 자리 찾기." 『신약논단』7/4 (2000): 263-285.

Attridge, H. W. *The Epistle to the Hebrews*. Philadelphia: Fortress Press, 1989.

_____. "Hebrews, Epistle to the." In *ABD*. Vol. Ⅱ. Edited by D. N. Freedman. New York·London·Tronto·Auckland: Doubleday, 1992.

Balz, H. & Schneider, G. "αἰώνιος." In *EDNT*. Vol. Ⅰ. Edited by H. Balz, G. Schneider. Michigan: W. B. Eerdmans Publishing, 1993.

_____. "ἐφάπαξ." In *EDNT*. Vol. Ⅰ. Edited by H. Balz, G. Schneider. Michigan: W. B. Eerdmans Publishing, 1993.

_____. "κρείσσων." In *EDNT*. Vol. Ⅱ. Edited by H. Balz, G. Schneider. Michigan: W. B. Eerdmans Publishing, 1993.

Baumgarten, A. I. "The Current State of Qumran Studies: Crisis in the Scrollery. A Dying Consensus." 99-122. In *Judaism in Late Antiquity*. Vol. Ⅰ. Leiden, New York: E. J. Brill, 1999.

Berger, P. L. *The Scared Canopy: Element of a Sociological Theory of Religion*. New York: Doubleday & Company, 1967.

Bergmeier, R. "taxin." In *EDNT*. Vol. Ⅲ. Edited by H. Balz, G.

Schneider. Michigan: W. B. Eerdmans Publishing, 1993.

Borgen, P. "Moses, Jesus, and Roman Emperor." *NT* 38/2 (1996): 145-159.

Borse, U. "ἱερὸν." In *EDNT*. Vol. Ⅱ. Edited by H. Balz, G. Schneider. Michigan: W. B. Eerdmans Publishing, 1993.

Buchanan, G. W. *To The Hebrewss: Translation Comment and Conclusion*. New York: Doubleday & Co., 1972.

Bühner, J. A. "σκηνη." In *EDNT*. Vol.Ⅲ. Edited by H. Balz, G. Schneider. Michigan: W. B. Eerdmans Publishing, 1993.

Bruce, F. F. *The Epistle to the Hebrews*. Grand Rapids, Michigan: Wm. B. Eerdmans Publishing Co., 1990.

_____. 『히브리서』 이장림 역. 서울: 생명의 말씀사, 1986 [Bruce, F. F. *The International Commentary on the New Testament: Hebrews*. Grand Rapids, Michigan: Wm. B. Eerdmans Publishing Co., 1964] .

Cockerill, G. L. "Melchizedek or 'King of Righteousness." *EQ* 63:4 (1991): 305-312.

Cohen, S. J. D. *From the Maccabees to the Mishnah*. Philadelphia: The Westminster Press, 1987.

Conzelmann, H. 『신약성서신학』 김철손·박창환·안병무 역. 병천: 한국신학연구소, 1986 [Conzelmann, H. *Grundriss der Theology des Neuen Testamentd.* 1968] .

Croy, N. C. *Endurance in Suffering: Hebrews 12:1-13 in its rhetorical, religious, and philosopical context*. Cambridge: Cambridge University Press, 1998.

Desilva, D. A. *Perseverance in Gratitude : A Socio-Rhetorical Commentary on the Epistle to the Heberews*. Grand Rapids, Eerdmans, 2000.

_____. "The Epistle to the Hebrews in Social-Scientific Perspective." *RQ* 36 (1994): 1-21.

Ellingworth, P. *The Epistle to the Hebrews*. London: Emworth Press, 1991.

_____. *The Epistle to the Hebrews: A Commentary on the Greek Text*. Grand Rapids, Michigan: Wm. B. Eerdmans Publishing Co., 1993.

Elliott, J. H. *What is Social-Scientific Criticism?* Minneapolis: Fortress Press, 1993.

Enns, P. E. "Creation and Recreation: Psalm 95 and Its Interpretation in Hebrews 3:1-4:13." *WTJ* 55 (1993): 255-280.

Fitzmyer, J. A. "Futher Light on Melchizedek from Quamran Cave 11." *JBL* 86 (1967): 25-41.

_____. "Melchizedek in the MT, LXX, and the NT." *Biblica* 81 (2000): 63-69.

Grant, R. M. *Early Christianity and Society: Seven Studies*. New York · Hagerstown · San Francisco · London: Harper & Row Publishers, 1977.

Gleason, R. C. "The Old Testament Background of the Warning in Hebrews 6:4-8." *BS* 155 (January-March 1998): 62-91.

_____. "The Old Testament Background of Rest in Hebrews 3:7-4:11." *BS* 157 (July-September 2000): 281-303.

Guthrie, D. *Hebrews*. Grand Rapids, Michigan: Wm. B. Eerdmans Publishing Co., 1990.

Hengel, M. "Ⅱ. The Various Names given to the Jewish Freedom Movement," 24-53. In *The Zealots. Investigation into the Jewish Freedom Movement in the Period from Herod I until 70 A.D.* Edinburgh: T & T Clark, 1989.

Hegermann, H. "**doxa**." In *EDNT*. Vol. I. Edited by H. Balz, G. Schneider. Michigan: W. B. Eerdmans Publishing, 1993.

Horbury, W. "The Aronic Priesthood on the to the Hebrews." *JSNT* 19 (1983): 43-71.

Hübner, H. **"timh."** In *EDNT*. Vol. Ⅲ. Edited by H. Balz, G. Schneider. Michigan: W. B. Eerdmans Publishing, 1993.

Hughes, P. E. 『히브리서(상)』 이남종 역. 서울: 크리스챤 서적, 1999 [Hughes, P. E. *A Commentary of the Epistle to the Hebrews*. Grand Rapids, Michigan: Wm. B. Eerdmans Publishing Co., 1977] .

_____. "The Christology of Hebrews." *SJT* 28/1 (1985): 19-27.

Hughes, G. *Hebrews and Hermeneutics: The Epistle to the Hebrews as a New Testament Example of Biblical Interpretation*. London: Cambridge University Press.

Hurst, L. D. *The Epistle to the Hebrews: Its background of thought*. Cambridge: Cambridge University Press, 1990.

Isaacs, M. E. "Priesthood and the Epistle to the Hebrews." *HJ* 38 (1997): 51-62.

Jewett, R. *Letter to Pilgrims: A Commentary on the Epistle to the Hebrews*. New York: The Pilgrim Press, 1981.

Jones, B. W. "Domitian." In *ABD*. Vol. Ⅱ. Edited by D. N. Freedman. New York·London·Toronto·Auckland: Doubleday, 1992.

Jones, D. L. "Roman Emperor Cult." In *ABD*. Vol. Ⅴ. Edited by D. N. Freedman. New York·London·Toronto·Auckland: Doubleday, 1992.

Jonge, M. and Woude, A. S. "11QMelchizedek and the New Testament." *NTS* 12 (1966): 301-323.

Käsemann, E. *The Wandering People of God: An Investigation of the Letter to the Hebrews*. Trans. R. A. Harrisville & I. L. Sandberg. Minneapolis: Augsburg Publishing House, 1984.

Kee, H. C. 『신약성서의 이해』 서중석 역. 서울: 한국신학연구소, 1990 [Kee, H. C. *Understanding the New Testament*. Englewood Cliff; New Jersey: Prentice-Hall, 1973] .

_____. "The Transformation of the Synagogue after 70 C.E.: Its Import for Early Christianity." *NTS* 36 (1990): 1-24.

Kistemaker, S. J. *Hebrews*. Grand Rapids: Baker Books, 1989.

Koester. C. R. *Hebrews*. New York: Doubleday, 2001.

Koester, H. 『신약성서배경연구』 이억부 역. 서울: 은성, 1996.

_____. "A Political Christmas Story." *BR* 10 (1994): 23.

Lacey, D. R. "In Search of a Pharisees." *TB* 43 (1992): 353-372.

Lane, W. L. *Heberews 1-8*, WBC. Vol. 47. Dallas, Texas: Word Books, Publisher, 1991.

_____. *Heberews 9-13*, WBC. Vol. 47. Dallas, Texas: Word Books, Publisher, 1991.

_____. "A Sermon in Search of a Setting." *SJT* 28 (1985): 13-18.

Layton, S. C. "Christ over His House (Hebrew 3:6) and Hebrew 'the one over the House." *NTS* 37 (1991): 473-477.

Lindas, B. 『히브리서의 신학』 김진현·이상용역. 서울: 솔로몬, 2000 [Lindas, B. *The Theology of the letter to the Hebrews*. Cambridge, New York: Cambridge University Press, 1991] .

_____. "The Rhetorical Structure of Hebrews." *NTS* 35 (1989): 382-406.

Lohse, E. 『신약성서 배경사』 박창건 역. 서울: 대한기독교출판사, 1995 [Lohse, E. *Umwelt des Neuen Testaments*. Göttingen: Vandenhoecl & Ruprecht, 1971] .

_____. "χειροποιήτος." In *TDNT*. Vol. X. Edited by G. Kittel. Grand Rapids: W. B. Eerdmans Publishing Company, 1964.

Maier, J. "Theories of Qumran." 82-98. In *Judaism in Late Antiquity*. Vol. I. Leiden, New York: E. J. Brill, 1999.

Malina, B. J. "The Social Science and Biblical Interpretation." *Inter* 37 (1982): 229-242.

Manson, W. *The Epistle To The Hebrews*. London: The Baird Lecture, 1949.

Marcus, J. "The Jewish War and The Sitz Im Leben of Mark." *JBL* 111/3

(1992): 441-462.

Mathewson, D. "Reading Heb 6:4-6 in Light of the Old Testament." *WTJ* 61 (1999): 209-225.

Michel, O. 『히브리서』 강원돈 역. 서울: 한국신학연구소, 1988 [Michel, O. *Det Brief an die Hebräer: Kritish-exegetischer Kommentar über das Neue Testament.* Göttingen: Vandenhoeck & Ruprecht, 1984] .

Milligan, R. 『히브리서』 차원봉 역. 서울: 태광출판사, 1982.

Montefiore, H. W. *The Epistle to the Hebrews.* London: A&C Black, 1964.

_____. *A Commentary on the Epistle to the Hebrews.* Rome: Editrice Pontificio Istituto Biblico, 1989.

Moffat, J. *A Critical and Exegetical Commentary on the Epistle to the Hebrews.* Edinburgh: T & T Clark, 1968.

Mowery, R. L. "Son of God in Roman Imperial Titles and Matthew." *Bib* 83/1 (2002): 100-110.

Neusner, J. "The Pharisees in History." 143-154. In *From Politicd to Piety: The Emergence of Pharisaic Judaism.* New York: Doubleday, 1979.

Omanson, R. L. "A Superior Convenant: Hebrews 8:1-10:18." *RE* 82 (1985) : 361-373.

Parker, F. O. "Our Lord and God' in Rev 4:11." *Bib* 82/2 (2001): 207-231.

Paul, M. J. "The Order of Melchizedek(Pa 110:4 and Heb 7:3)." *WTJ* 49 (1987): 195-211.

Porton, G. G. A. "The Sadducess." In *ABD*. Vol. V. Edited by D. N. Freedman. New York·London·Tronto·Auckland: Doubleday, 1992.

Pfitzner, V. C. 『히브리서』 이기문 역. 서울: 컨콜디아사, 1990 [Pfitzner, V. C. *Hebrews.* Nashiville: Abindon Press, 1987] .

_____. "The Rhetoric of Hebrews: Paradigm for Preaching." *LTJ* 27/1 (1993): 3-12.

Pridik, K. H. "γὰρ." In *EDNT*. vol. I. Edited by H. Balz, G. Schneider. Michigan: W. B. Eerdmans Publishing, 1993.

Punt, J. "Hebrews, thought-patterns and context: Aspect of the Background of Hebrews." *Neot* 31/1 (1997): 119-154.

Rebell, W. "χειροποιήτος." In *EDNT*. Vol. Ⅲ. Edited by H. Balz, G. Schneider. Michigan: W. B. Eerdmans Publishing, 1993.

Reicke, B. I. 『신약성서시대사』 번역실 역. 병천: 한국신학연구소, 1986.

Rooke, D. W. "Jesus as Royal Priert: Reflection of the Interpretation of the Melchizedek Tradition in Heb 7." *Biblica* 81/1 (2000): 81-94.

Saldarini, A. J. "The Sadducees and Jewish Leadership." 298-308. In *Pharisees, Scribes, and Sadducees in Palestinian Society: A Sociological Approach*. Edinburgh: T & T Clark, 1988.

_____. "Palestinian Judaism 200 b.c.e. - 200 c.e." In *Paul and Palestine Judaism*. London: A Comparison of Patterns of Religion, 1977.

Sanders, E. P. "Who Ran What?" 458-490. In *Judaism: Practice and Belief 63 BCE-66CE*. London: SCM Press, 1992.

Scott, B. R. "Jesus' Superiority over Moses in Hebrews 3:1-6." *BS* 155 (April-June 1998): 201-210.

Scholer, J. M. *Proleptic Priest: Priesthood in the Epistle to the Hebrew*. Sheffield: JSNT Press, 1991.

Schürer, E. *The History of the Jewish People*. 1Vols. Rev. Edited by G. Vermes and F. Millar. Edinburgh: T & T Clark, 1993.

_____. *The History of Jewish People*. 2Vols. Rev. Edited by G. Vermes and F. Millar. Edinburgh: T & T Clark, 1993.

Sievers, J. "Who were the Pharisees?" 137-155. In *Hillel and Jesus. Comparative Studies of Two Major Religious Leader*. Minneapolis: Fortress Press, 1997.

Songer, H. S. "A Superior Priesthood: Hebrews 4:14-7:28." *RE* 82/3

(1985): 345-359.

Stanley, S. "Hebrews 9:6-10: The 'Parable' of the Tabernacle." *NT* 37/4 (1995): 385-399.

Stewart, R. A. "The Sinless High-Priest." *NTS* 14 (1968): 126-135.

Strecker, G. *Theology of the New Testament*. Trans. M. E. Boring. Louisville: Westerminster John Knok Press, 2000 [*Theologie das Neues Testaments*. Berlin: Walter de Gruyter & Co., 1996] .

Suh, Joong S. *The Glory in the Gospel of John: Restoration of Forfeited Prestige*, Oxford: M. P. Publication, 1995.

Swetnam, J. "The Crux at Hebrew 5:7-8." *Bib* 81 (2000): 347-361.

Taylor, L. R. *The Divinity of the Roman Emperor*. Connecticut: Scholars Press, 1931.

Taylor, N. H. "Palestine Christianity and the Caligula Crisis. Part I . Social and Historical Reconstruction." *JSNT* 61 (1996): 101-124.

Theissen, G. *Gospels in Context*. Minneapolis: Fortress Press, 1991.

Troxel, A. C. "Cleansed Once for All: John Owen on the Glory of Gospel Worship in 'Hebrew'." *CTJ* 32 (1997): 476-477.

Vanhoye, A. *Structure and Message of the Epistle to the Hebrews*. Rome: Editrice Pontificio Istituto Biblico, 1989.

Vinson, R. B. "The Social World of the Book of Revelation." *RE* 98/1 (2001): 11-31.

Willson, R. M. *The Century Bible Commentary: Hebrews*. Grand Rapids, Michigan: Wm. B. Eerdmans Publishing Co., 1987.

멜기세덱과 예수

초판 1쇄 / 2010년 11월 25일

지은이: 전 병 희
펴낸이: 이 명 권
펴낸곳: 크리스천헤럴드

등   록: 제99-2호(1999. 3. 11)
주   소: 서울시 광진구 광장동 353

값은 뒷표지에 있습니다.

ISBN 978-89-87118-47-5 03230

저자연락처 : 010-8429-0819

* 총판 : 소망
  전화) (02)392-4232, 3